DESMOS
명령어 따라잡기 1

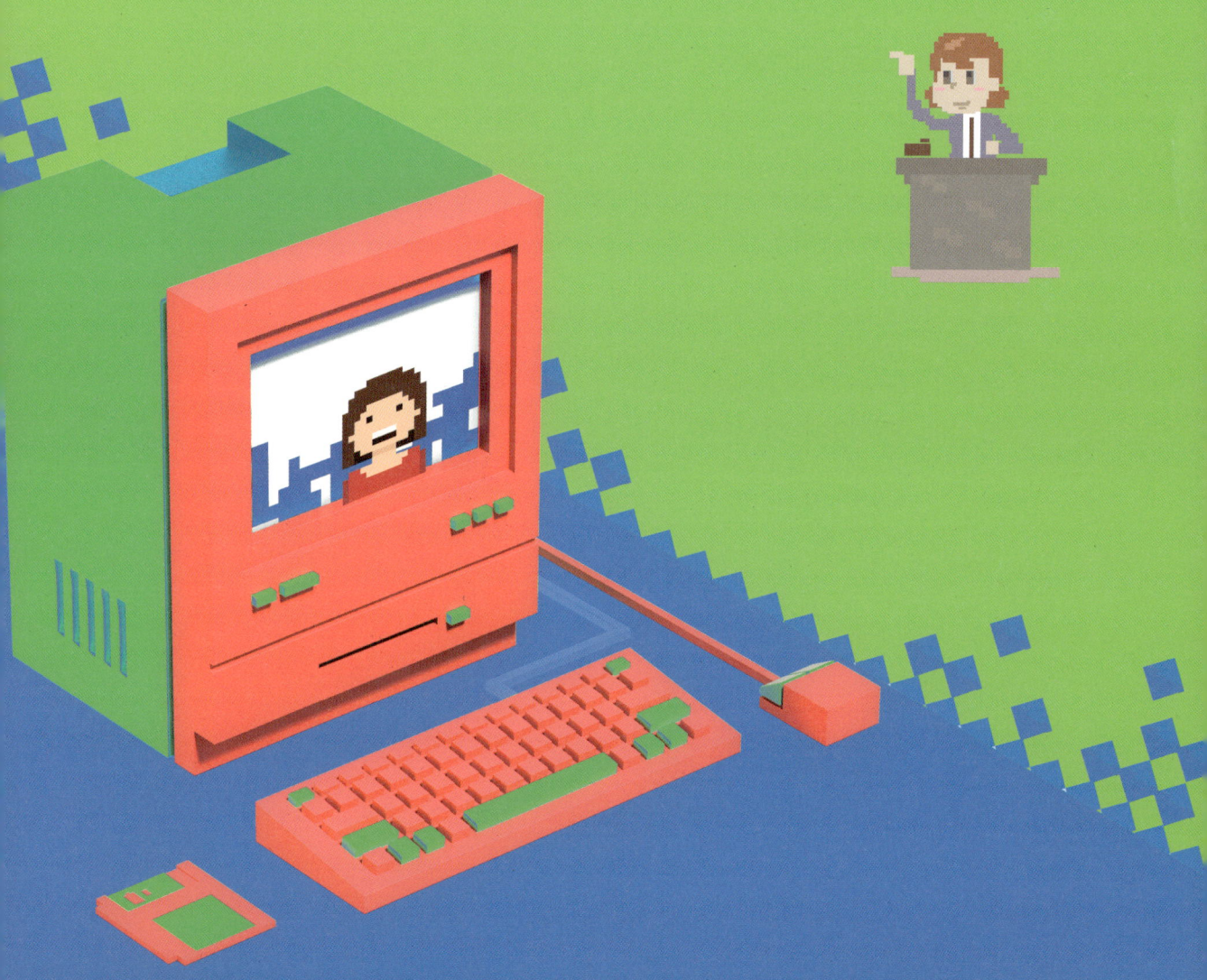

DESMOS 명령어 따라잡기 1

초판발행	2023년 9월 1일
저 자	곽민정, 권혜윤, 노석태, 이수정, 조현일
검 토	문태선, 문혜령
펴낸곳	지오북스
등 록	2016년 3월 7일 제395-2016-000014호
전 화	02)381-0706 / 팩스 02)371-0706
이메일	emotion-books@naver.com
홈페이지	www.geobooks.co.kr
ISBN	979-11-91346-70-1
값	17,000 원

이 책은 저작권법으로 보호받는 저작물입니다.
이 책의 내용을 전부 또는 일부를 무단으로 전재하거나 복제할 수 없습니다.
파본이나 잘못된 책은 바꿔드립니다.

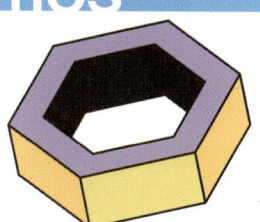

<책 머릿말>

데스모스 액티비티는 공학도구 + ppt + 학습지 + 메타버스입니다. 교사입장에서는 수업 진행에 도움이 되는 도구이고 학생입장에서는 공부할 내용이 한 곳에 모여있는 과제 꾸러미입니다. 데스모스는 교실의 무료 와이파이와 학생들에게 보급된 태블릿을 수학수업시간에 가장 효율적으로 활용할 수 있는 환경을 만들어 줍니다. 개별 학생이 직접 조작하고 관찰할 수 있는 동적탐구자료를 종이학습지 대신 나눠주고 싶지 않나요? 또한 학생의 활동결과물을 편리하게 들여다보고 피드백도 주고 싶지 않나요? 일상 수업속에서 에듀테크의 장점을 녹여내고 싶다면 데스모스를 꼭 시작해 보시길 바랍니다.

창원대암고 곽민정

데스모스 프로그램은 '가성비' 좋은 수업 도구입니다. 데스모스 프로그램으로 수업을 준비하는 과정은 생각보다 간단했습니다. 잘 짜여진 데스모스 액티비티로 진행되는 수업은 교사와 학생에게 수학적 몰입을 제공해 줍니다. 교사와 학생 간의 '경험의 공유'입니다. 데스모스 액티비티는 수업 중 수학적 대화의 소재도 제공해 줍니다. 이로써 학생의 수학적 표현, 사고 등을 이끌어내는 '대화적 담화'가 가능했습니다.
이 책의 집필 목적은 좋은 수업 도구를 동료 교사들이 쉽고 간편하게 창작할 수 있도록 도움을 주기 위한 것입니다.
대한민국 모든 수학 선생님들을 응원합니다.

감계중학교 권혜윤

학생들이 수학 수업에서 수학적 사고에 집중할 수 있게 하는 것은 너무나 당연하지만 저에게는 어려운 과제였습니다. 저는 데스모스를 사용하여 학생들에게 제가 상상했던 과제를 제시할 수 있었고 학생들은 이 과제를 이해하고, 의견을 제시하였습니다. 또한 이런 학생들이 제시한 의견이 다시 수업의 토론 거리로 만들며 아이들의 생각으로 수업을 채울 수 있었습니다. 더 나은 수업을 위해 에듀테크라는 파도는 피할 수 없는 현실이 되었습니다. 피할 수 없다면 데스모스를 타고 파도를 즐겨 보는건 어떨까요?

경기과학고등학교 노석태

수업에 대한 고민이 많았습니다. 학습지를 만들고 다듬으면서 표현하고 싶은 내용을 담지 못하는 아쉬움이 있었습니다. 데스모스를 이용한 수업으로 고민의 대부분을 덜어낼 수 있었고 처음에는 액티비티를 찾아 번역하고 각색하는 것부터 시작했습니다. 학생들이 즐거워하고 적극적으로 참여하는 모습을 보며 점점 나의 아이디어로 액티비티를 만들어보고 싶은 욕심이 생겼습니다. 좋은 수업 아이디어가 있다면 데스모스에 담아보세요. 선생님들께 이 책이 많은 도움이 되었으면 합니다.

감계중학교 이수정

데스모스 구슬 굴리기를 처음 접한 날을 잊을 수가 없습니다. 데스모스를 처음 알게된 후 밤새도록 여러 액티비티를 구경하며 재미를 느꼈고, '수학교사는 데스모스를 반드시 사용해야한다.' 라고 생각하였습니다. 수업을 하고 나면 항상 무언가 부족하다고 생각했는데, 데스모스를 이용하며 많은 부분이 해결되었습니다. 다른 선생님들께서도 데스모스를 이용하여 이런 고민들이 해결되었으면 좋겠습니다. 또한 이 책을 통해 데스모스를 조금 더 깊이 알아가는 시간이 되시길 바랍니다.

상당중학교 조현일

살아있는 생명체처럼 수학도 수학교육도 나날이 변화하고 진화합니다. 그런 이유로 가만히 앉아 떠먹여주는 수업은 더이상 교사에게도 학생들에게도 즐거움을 주지 못합니다. 수업의 주체가 되어 참여하는 즐거움. 마음껏 실수하며 배워가는 짜릿함. 참된 배움을 추구하는 교사와 학생에게 데스모스는 한줄기 빛이 될 수 있습니다. 한 번도 못 써본 사람은 있지만 한 번만 써본 사람은 없다는 데스모스! 그 진가를 알고 더 깊이 연구하고자 하는 분들에게 이 책이 큰 지침서가 되리라 생각합니다.

광저우한국학교 문태선

학생들이 직접 체험해보고 조작해 볼 수 있는 도구가 많이 있지만 데스모스처럼 다양한 도구가 포함되어 수업의 시작부터 마무리까지 모두 가능한 경우는 보지 못했던 것 같습니다. 데스모스는 컴퓨터가 아니더라도 스마트 폰, 테블릿 등으로도 쉽게 접근할 수 있으며 앱 또는 프로그램을 설치하지 않고도 사용 가능하여 간단한 사용 방법을 알고 나니 정말 유용하게 수업에 사용할 수 있었습니다. 데스모스에 사용되는 명령어들을 알게 된다면 고급 기술이 사용된 액티비티들을 내 수업에 맞게 수정하거나 또는 원하는 기술을 구현해 내는 것이 가능해집니다. 이 책이 데스모스를 사용해서 수업을 하시는 분들에게 도움이 될 수 있길 바랍니다.

반송중학교 문혜령

\<차례\>

I. desmos 명령어 기본적인 사용법

1. 슬라이드 복사하여 붙이기 ·· 12
2. 검색한 그래프 액티비티 안에 삽입하기 ·· 13
3. 이모지 넣는 방법 ·· 14
4. 수식 입력하기 ·· 15
5. 일반 구문 이해하기 ·· 17

II. desmos 명령어 50개 익히기

\<1권\>

1. aggregate (집계하기) ·· 22
2. allowEraser (지우개 사용 가능 여부) ·· 26
3. animationDuration (재생 길이) ·· 28
4. animationTime (현재 재생 시간) ·· 30
5. availableColors (사용 가능한 색상) ·· 32
6. background (배경) ·· 34
7. bounds (경계) ··· 37
8. calculatorState (그래프, 그림판 상태 나타내기) ··· 39
9. capture (캡처하기) ··· 41
10. cellContent (셀 내용) ·· 43
11. cellDisableEvaluation (셀 값 계산하지 않기) ·· 47
12. cellEditable (셀 입력 가능 여부) ·· 50
13. cellErrorMessage (셀 에러 메시지) ·· 51

14. cellHasFocus (셀 입력 시 돋보이게 하기) ·············· 52

15. cellNumericValue (셀 숫자 값) ························· 54

16. cellSuffix (셀 접미사) ····································· 56

17. choiceContent (객관식 내용 설정하기) ················ 58

18. clearOnReset (답안 지우기) ····························· 61

19. columnNumericValues (표의 열 숫자 모음) ········· 63

20. content (메모) ··· 65

21. correct (정답 확인) ·· 67

22. coverText (커버 슬라이드) ······························ 73

23. coverButtonLabel (커버 슬라이드 버튼) ············· 75

24. currentStroke (스케치 상황 표현) ····················· 76

25. currentX (그림판 마우스의 위치 표시) ·············· 78

26. currentY (그림판 마우스의 위치 표시) ·············· 78

27. disableEvaluation (계산 비활성화) ···················· 79

28. disableCalculatorReason (계산기 아이콘 비활성화) ·········· 81

29. disabled (버튼 비활성화) ································ 83

30. disableRowChanges (표의 행추가 비활성화) ······· 86

31. disableSketch (그림판 비활성화) ······················ 88

32. errorMessage (에러 메시지 알림) ····················· 90

33. explainContent (답변 내용 화면 자동 복사) ······· 92

34. explainPrompt (답안선택의 설명요청 문장) ········ 95

35. firstDefinedValue (초기값 설정하기) ················· 99

36. function (함수) ··· 101

37. graphLayer (그래프 배경으로 불러오기) ··········· 103

38. hidden (숨기기) ·· 106

39. hideSketch (스케치 숨기기) ·· 108

40. history (누적해서 보여주기) ··· 110

41. initialCellContent (표 안에 초기값 넣기) ······························· 113

42. initialColor (그림판 초기 색 정하기) ······································· 115

43. initialLatex (초기 수식 설정하기) ·· 116

44. initialOrder (초기 정렬순서 정하기) ·· 118

45. initialText (초기 문구 정하기) ·· 121

46. initialTool (스케치 초기 도구 설정) ·· 123

47. isAnimating (그래프 동영상 실행 중 인식) ·························· 124

48. isSelected (보기 선택) ··· 126

49. itemContent (목록내용 정하기) ·· 128

50. label (행동버튼 이름정하기) ··· 131

2권

51. labelLatex (레이블로 수식 가져오기) ·······································

52. labelNumericValue (레이블의 숫자값 가져오기) ·····················

53. labelText (레이블의 텍스트 가져오기) ·····································

54. lastValue (마지막 값 가져오기) ··

55. latex (수식 가져오기) ···

56. layerStack (화면겹치기) ··

57. mergeSketches (스케치 합치기) ··

58. length (리스트 길이) ···

59. maxRow (표의 입력 제한) ···

60. matchesKey (정답 확인)

61. number (숫자 가져오기)

62. numberList (숫자리스트 가져오기)

63. numericValue (숫자값으로 정하기)

64. order (정렬의 순서 가져오기)

65. parseEquation (방정식으로 인식하기)

66. parseOrderedPair (순서쌍으로 인식하기)

67. pointLabel (점의 레이블 정하기)

68. pressCount (행동 버튼 누른 횟수)

69. prompt (체크박스에서 도움말 편집하기)

70. randomGenerator (난수 생성)

71. readOnly (읽음 처리 하기)

72. resetAnimationOnChange (애니메이션 초기화하기)

73. resetLabel (reset버튼 이름 붙이기)

74. resetOnChange (효과의 초기화)

75. resetStyle (reset버튼 스타일 설정하기)

76. saveOnChange (그래프 상태 저장하기)

77. showExplain (특정 답변에서 설명하기 상자 보이기)

78. showPeerResponses (수식입력란에서 친구의 답변 보기)

79. showSubmitButton (제출 버튼 만들거나 삭제하기)

80. simpleFunction (함수로 인식)

81. sketch (그리기)

82. sketchLayer (그림 쌓기)

83. smartStrokeJoining (선 연결)

84. submitCount (제출 횟수) ....

85. submitDisabled (제출버튼 비활성화하기) ....

86. submitLabel (제출버튼 이름 바꾸기) ....

87. submitted (제출버튼 클릭 인식) ....

88. subtitle (부제목 만들기) ....

89. suffix (접미사 만들기) ....

90. textAtIndex (정렬리스트 목록 내용 불러오기) ....

91. time (동영상의 시간) ....

92. timeSincePress (버튼클릭 후 흐른시간) ....

93. timeSinceSubmit (제출버튼 클릭 후 흐른시간) ....

94. title (제목) ....

95. totalCards (카드의 총갯수) ....

96. totalCorrectCards (잘 매칭된 카드 개수) ....

97. trace (그래프 추적하기) ....

98. warning (경고하기) ....

99. xAxisLable (좌표축 이름정하기) ....

100. yAxisLable (좌표축 이름정하기) ....

1장 desmos 명령어 기본적인 사용법

1. 슬라이드 복사하여 붙이기

데스모스 액티비티를 처음부터 끝까지 모두 제작하려면 시간과 노력이 많이 든다. 그래서 인터넷을 통해 적당한 액티비티를 검색하여 사용하는 경우가 많다. 그런데 찾은 액티비티 중 일부 슬라이드만 사용하고 싶다면 어떻게 하면 좋을까?

① 복사 및 편집 클릭하기

② 마음에 드는 슬라이드 클릭 후 복사하기(Ctrl+C)

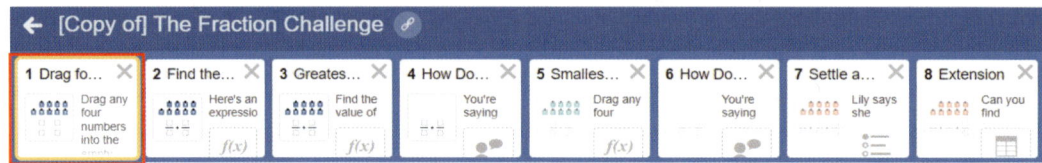

③ 커스텀 액티비티 생성 후 붙여넣기(Ctrl+V)

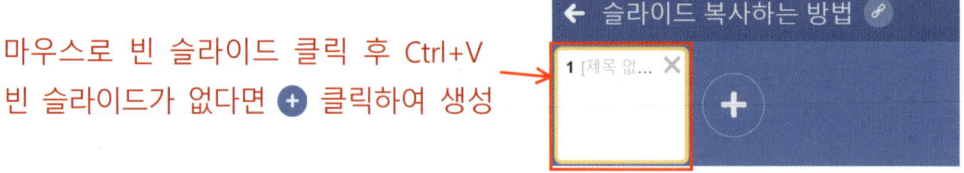

마우스로 빈 슬라이드 클릭 후 Ctrl+V
빈 슬라이드가 없다면 ➕ 클릭하여 생성

※ 슬라이드의 일부 구성요소를 삭제하는 방법: ••• 을 클릭하여 구성요소 삭제를 선택한다.

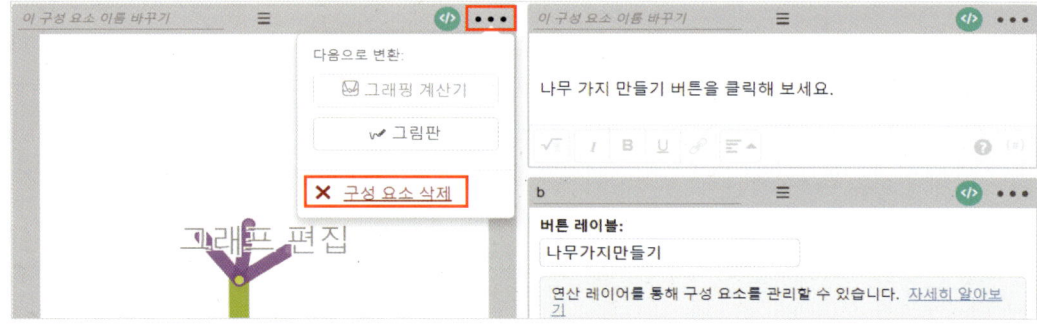

12   desmos 명령어 기본적인 사용법

2. 검색한 그래프 액티비티 안에 삽입하기

역동적인 그래프를 활용하여 만들면 더욱 재미있는 액티비티를 만들 수 있다. 그런데 직접 처음부터 끝까지 그래프 수식을 모두 설계하려면 시간과 노력이 많이 들어 검색하여 만들어진 자료를 사용하는 것이 편리하다. 예를 들어 등비수열 단원에서 코흐눈송이를 소재로 액티비티를 제작하고 싶다면 아래처럼 검색하여 자료를 찾고, 가져올 수 있다.

① **구글에서** koch snowflake desmos**를 검색한다.**

② **우측 상단의** 🔗 **와** 복사 **를 순서대로 클릭한다.**

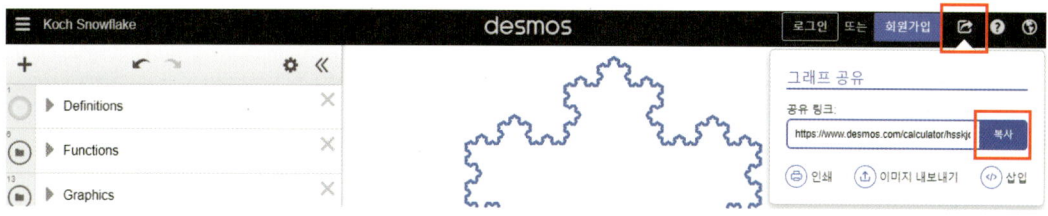

※ 상단의 그래프 주소를 복사(Ctrl+C)해도 상관없다.

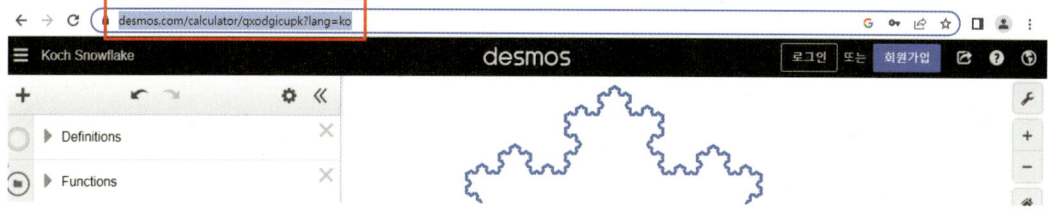

③ 커스텀 액티비티의 빈 슬라이드에 그래프 구성 요소를 넣고 그래프 편집을 눌러 빈 수식 입력 창에 마우스 커서를 둔 후 붙여넣기(Ctrl+V) 한다.

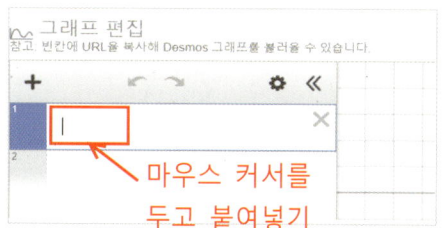

13

※ 그래핑계산기도 데스모스 계정으로 로그인 할 수 있다. 그러면 검색한 그래프를 자신의 자료로 저장하여 사용할 수 있게 된다.

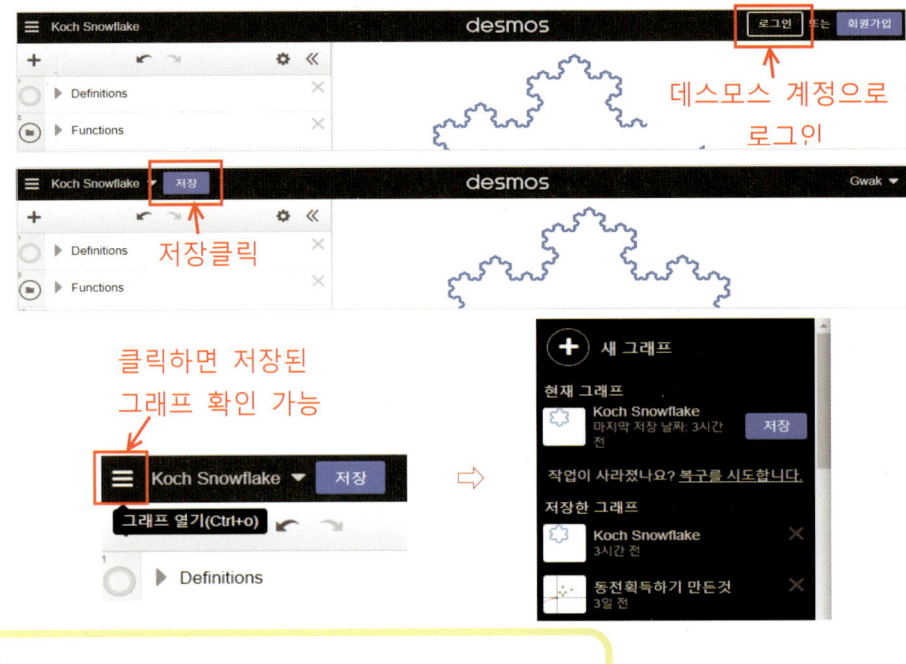

3. 이모지 넣는 방법

이모지는 일본에서 개발된 전자처리 그림문자 및 그 기술을 말한다. 데스모스 그래프의 레이블, 텍스트 입력란, 메모 등 원하는 곳에 귀여운 이모지를 넣는 방법은 다음과 같다.

① 원하는 위치에 커서를 두고 마우스 오른쪽 버튼을 클릭한다.
② 그림 이모티콘을 클릭하고 원하는 이모지를 선택한다.

※ 단축키 ⊞(윈도우) + 마침표 를 눌러 이모지 입력모드로 전환할 수도 있다.

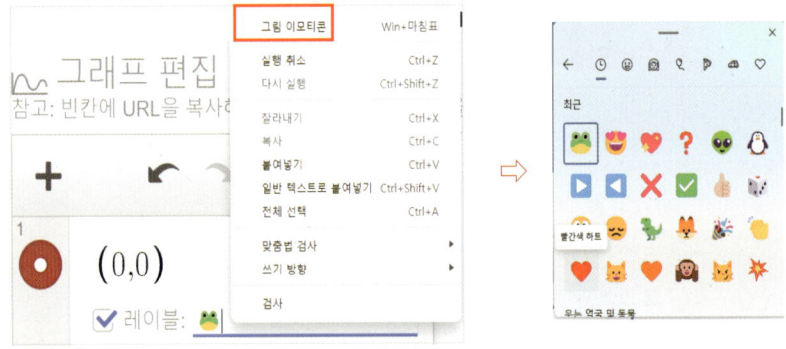

4. 수식 입력하기

① 각 구성요소에 수식 입력하기

정렬리스트, 메모, 표, 객관식/체크박스, 텍스트 입력란 등에서 수식을 입력하고 싶을 때 수식입력 버튼을 클릭해도 괜찮지만 단축키로 빠르게 수식입력모드로 전환할 수도 있다.

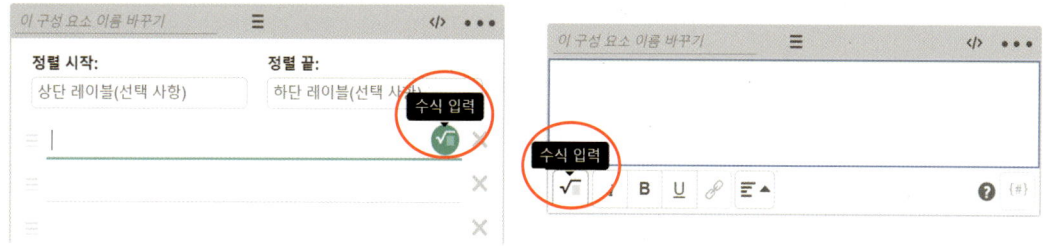

각 구성요소의 원하는 부분에 마우스를 두고 ` 를 클릭하면 수식을 입력할 수 있다.

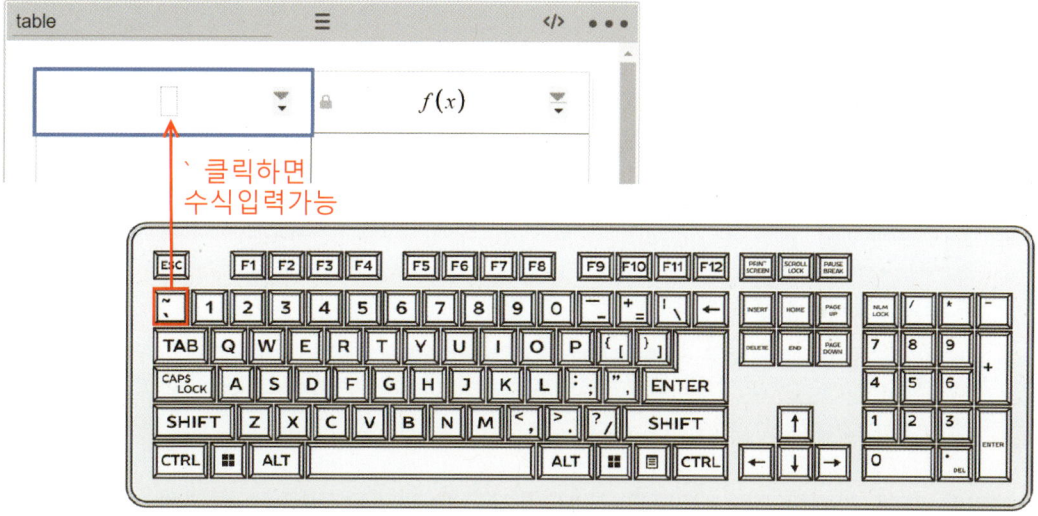

② 그래프 레이블에 수식입력하기

그래프 화면에 $y=x^2$과 같은 수식이 보이게 하고 싶을 때 레이블에 그 식을 입력하면 된다. 이때 y=x^2만 쓰면 안되고 `y=x^2`와 같이 `로 양쪽에서 감싸줘야 한다.

③ 스크립트 편집창에 수식 입력하기

원하는 수식을 스크립트 편집창에 입력할 때 직접 작성하는 것보다 그래핑계산기나 수식입력에서 복사(Ctrl+C)해서 붙여넣기(Ctrl+V)하는 것이 간단하다. 예를 들어, 입력한 a, b, c 값에 의해 결정되는 숫자 $\frac{b}{a}+\sqrt{c}$ 가 화면 메모에 나타나게 하려면 어떻게 해야 할까?

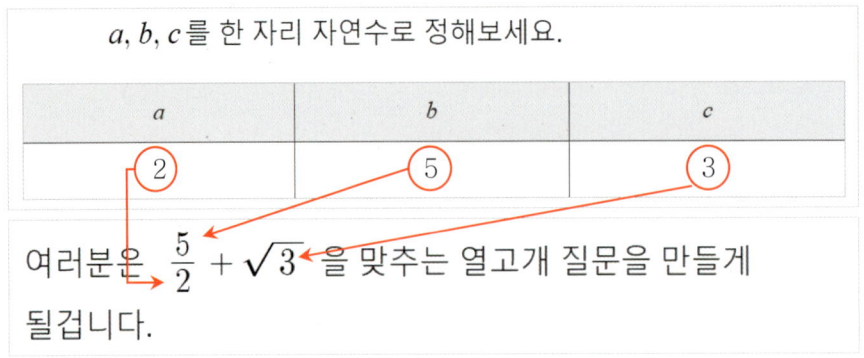

〈구현하고자 하는 스크린〉

아래와 같은 순서로 입력하면 된다.

▸ 방법 ①(메모 등의 구성요소에 수식입력하기) 또는 그래프 수식입력창에서 수식을 입력한 후 복사(Ctrl+C)한다.

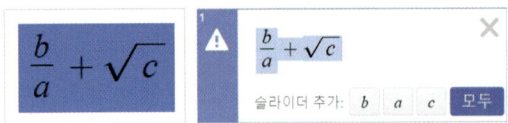

▸ 메모 스크립트 편집창을 열고 붙여넣기(Ctrl+V)한다.

```
1  content:  `\frac{b}{a}+\sqrt{c}`
```

※ table 표에 입력한 값을 불러와 즉시 반영되게 하려면 뒷장에 설명하는 일반 구문 5.4를 참고하여 다음과 같이 입력한다.

```
1  a=table.cellContent(1,1)
2  b=table.cellContent(1,2)
3  c=table.cellContent(1,3)
4  d=`\frac{${b}}{${a}}+\sqrt{${c}}`
```

> 일반 구문에 대한 예시 액티비티는 오른쪽 QR코드에 저장되어 있습니다.

5. 일반 구문 이해하기

데스모스 CL을 잘 사용하기 위해 싱크(Sinks), 변수(Variables), 소스(Sources)에 대한 기본적인 이해가 필수적이다.

1) 싱크(Sinks)

싱크는 색깔이 녹색(teal)이며 뒤에 콜론(:)을 사용하는 명령어이다. 즉 콜론 뒤의 내용을 싱크 명령어를 통해 구성요소의 해당 위치에 불러들인다.

① 메모에서 사용한 예시

오른쪽 메모 스크립트 편집창에 쓰인 명령어 content의 역할이 싱크이며 "안녕! 난 CL이야!"라는 문장이 메모장에 나타난다. 액티비티 제작페이지의 메모란에 어떤 문장을 입력하는 체험화면은 명령어를 통해 불러들인 값으로 재정의된다.

② 그래프에서 사용한 예시

오른쪽 그래프 스크립트 편집창의 명령어 number의 역할도 싱크이다. 그래프의 안의 변수 m, b를 어떠한 값으로 설정하더라도 체험화면에는 1.5와 2로 재정의 된다.

2) 변수(Variables)

스크립트 편집창에 검은색으로 쓰여있으며 뒤에 =이 오는 문자가 변수로 인식된다. 변수는 임의의 영문자와 숫자를 조합하여 만들 수 있다.

예를 들어 아래 메모 스크립트 편집창에 적힌 we는 "안녕! 우리는 지구의 환경을 반드시 보호해야해"라는 문구가 저장된 변수이다. 이렇게 긴 문장을 여러 번 반복 사용하고 싶을 때 이 문장 대신 we를 불러올 수 있어 편리하다.

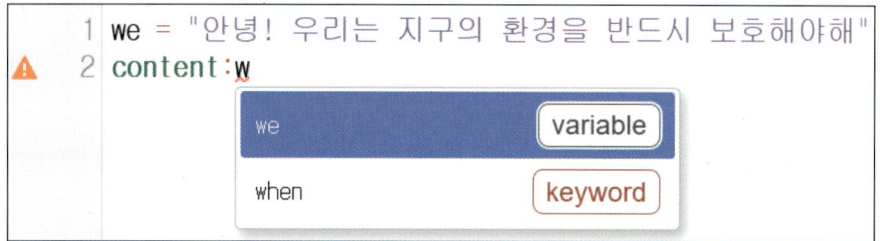

※ 오른쪽 스크립트에서 첫 번째 행의 content는 변수이고 두 번째 행의 content는 싱크 명령어이다. 변수를 만들면 변수 입력이 필요한 위치에 저절로 변수완성 기능이 생성된다.

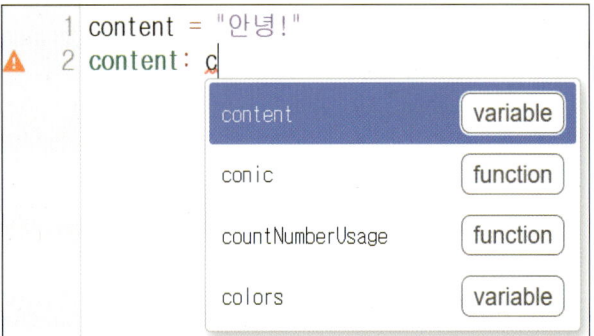

※ 만약 이름이 memo인 메모스크립트 편집창의 we라는 변수로 저장된 문장 "안녕! 우리는 지구의 환경을 반드시 보호해야해"를 다른 메모장에 나타나게 하고 싶다면 아래와 같이 script 명령어로 불러올 수 있다.

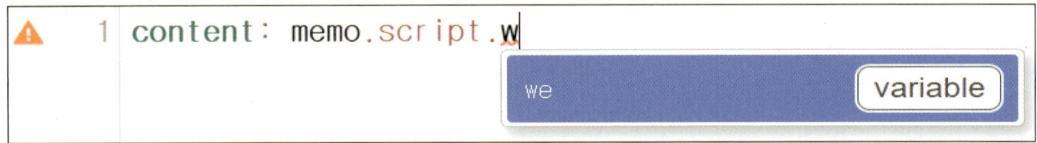

3) 소스(Sources)

역할이 소스인 명령어는 학생이 입력하거나 수행한 작업에서 추출한 값을 불러올 수 있게 한다. 예를 들어 아래 스크립트는 그래프 안의 변수 b는 이름이 btn1인 행동버튼의 클릭횟수를 소스로 받아와서 저장하겠다는 뜻이다. "구성요소의 이름 . 소스 명령어" 순서로 입력한다.

※ 오른쪽 스크립트에서 녹색 number의 역할은 싱크이고 검은색 number는 소스이다. 자신의 구성요소에서 소스로 불러올 때에는 구성요소 이름 대신 this를 쓸 수 있다. 스크립트 내용은 그래프 안의 변수 a가 이 그래프 안의 다른 변수 b값을 소스로 하여 정의된다는 뜻이다.

4) ${ } 사용법

입력한 값을 저장한 변수를 메모나 그래프, 레이블 등에 연동하여 나타나게 하고 싶다면 ${ } 안에 그 변수를 적으면 된다.

아래 스크립트의 뜻은 다음과 같다.

1행: 이름이 input인 수식입력란에 체험자가 적은 숫자연산식을 변수 n으로 저장한다.
2행: 이름이 input인 수식입력란에 체험자가 적은 연산식의 계산값을 변수 v로 저장한다.
3행~4행: 메모의 문구에 n과 v가 즉시 반영되어 나타나게 한다.

```
1  n = input.latex
2  v = input.numericValue
3  content: "여러분이 입력한 숫자 연산: ${n}
4  계산한 값: ${v}"
```

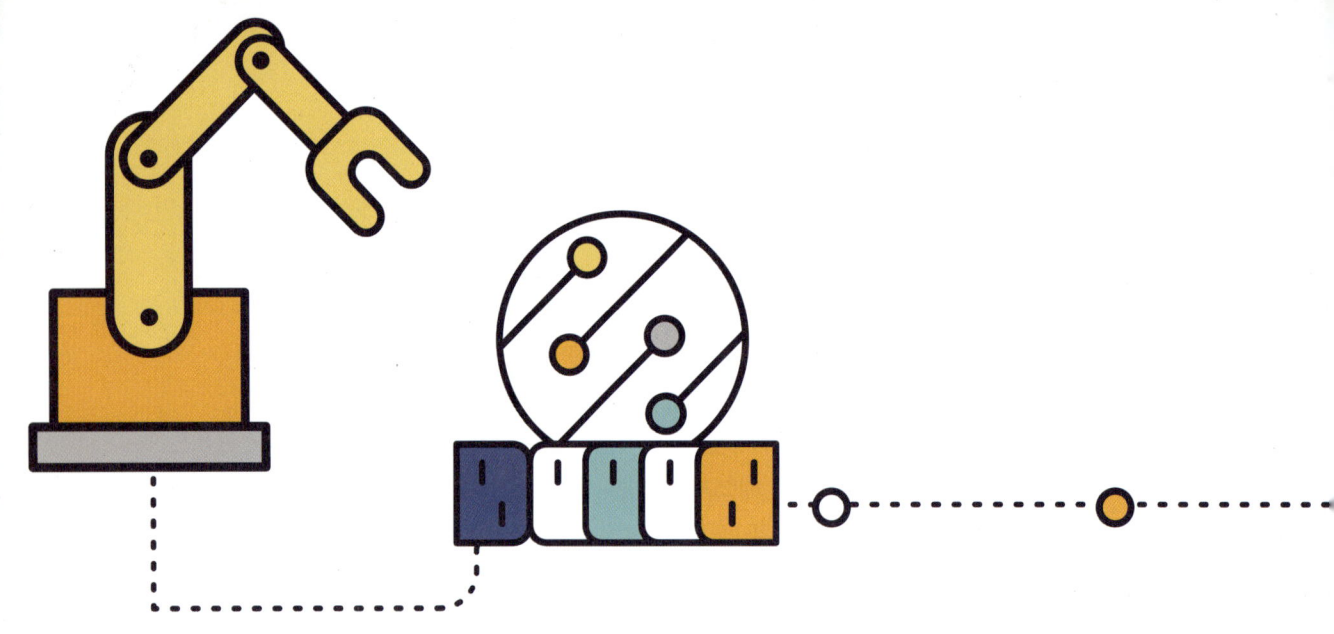

1. aggregate (집계하기)

1) 명령어의 역할

aggregate는 숫자 값이 입력되는 모든 소스에 대하여 숫자 리스트를 생성하는 명령어이다. 실제 데스모스 수업에서 학생들의 자료를 모아주는 역할을 하며 학생들의 자료를 모아 점도표를 만들거나 하나의 그래프 화면에 수업에 참여한 학생의 좌표를 모으고 싶을 때 사용한다.

사용 가능 구성요소: 그래프

2) 활용예시 체험

QR코드의 1번 슬라이드를 열고 수식입력란에 1에서 10사이의 숫자를 적은 뒤 제출 버튼을 눌러보자. 그래프 화면의 숫자 위치에 빨간 점이 찍히는 것을 확인할 수 있다.

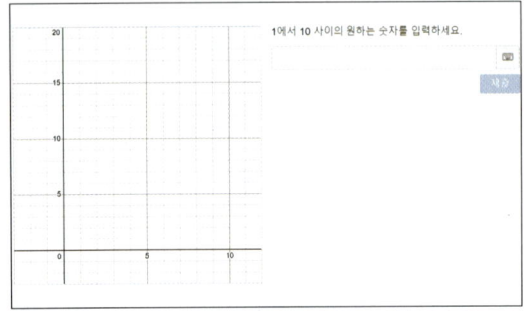
〈1번 슬라이드〉

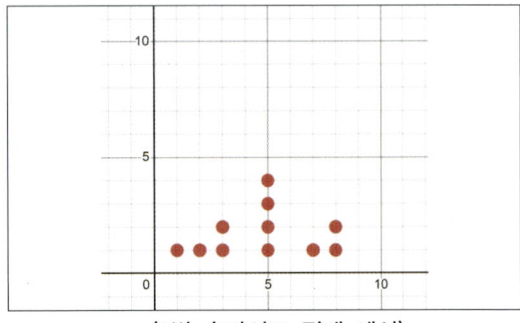
〈1번 슬라이드 집계 예시〉

2번 슬라이드에서는 가보고 싶은 장소로 동점을 드래그한 후 학급 학생들과 공유하기 버튼을 눌러보자. 그러면 점의 상태가 정점으로 바뀐다.

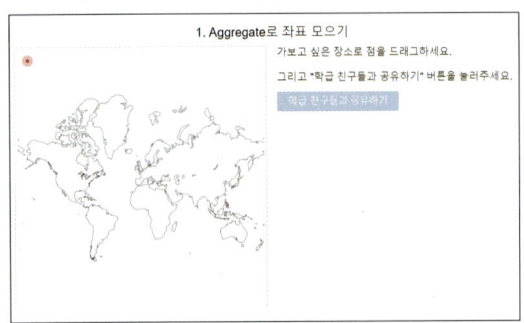
〈2번 슬라이드〉

〈2번 슬라이드 집계 예시〉

※ 단, 액티비티 편집화면의 미리보기 화면에서는 학생들의 자료가 집계되는 것을 확인할 수 없다. 실제로 수업을 열어 몇 명의 학생을 추가하여 실습하고 학생 화면을 관찰해 보자. 그러면 각 화면에 학생 수 만큼 점이 찍힌 것을 확인할 수 있다.

aggregate를 사용하여 같은 코드로 입장한 학생들의 응답을 집계하는 방법을 알아보자.

3) 제작 방법

▶ 1번 슬라이드

① 그래프, 메모, 수식입력란을 불러오고 메모의 내용과 그래프, 수식입력란의 이름을 입력한다.

② 그래프 편집창을 열어 내용을 입력한 후, 그래프 스크립트를 열고 명령어를 입력한다.

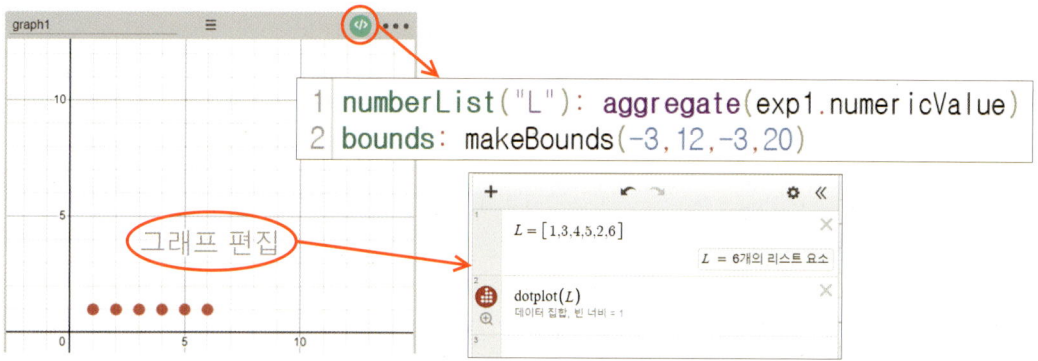

⇨ **수식 해석**: L이라는 리스트를 만들고, 리스트 L을 이용하여 점도표를 만든다.

⇨ **명령어 해석**

1행: 수식입력란 exp1에 입력된 숫자값을 리스트 L에 집계한다.

2행: 그래프의 경계를 $-3 < x < 12,\ -3 < y < 20$으로 설정한다.

23

▶ 2번 슬라이드

① 그래프, 메모, 행동버튼을 불러오고 메모의 내용과 그래프, 버튼의 이름을 입력한다.

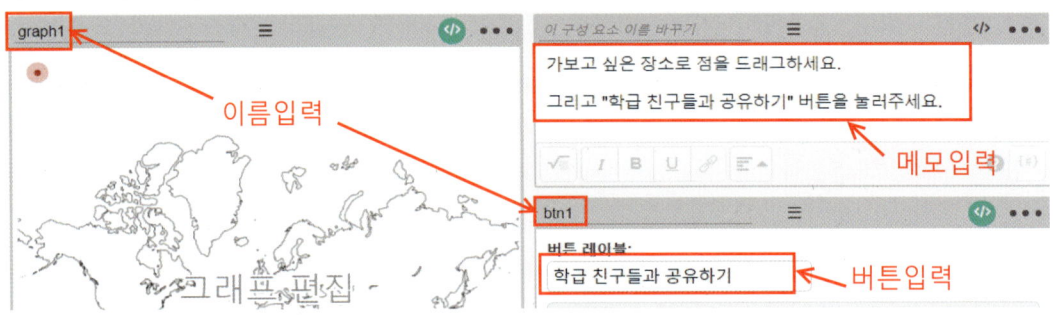

② 그래프 편집창을 열어 아래 그래핑계산기 주소를 복사 붙여넣기 한 후, 그래프 스크립트 편집창을 열고 명령어를 입력한다.

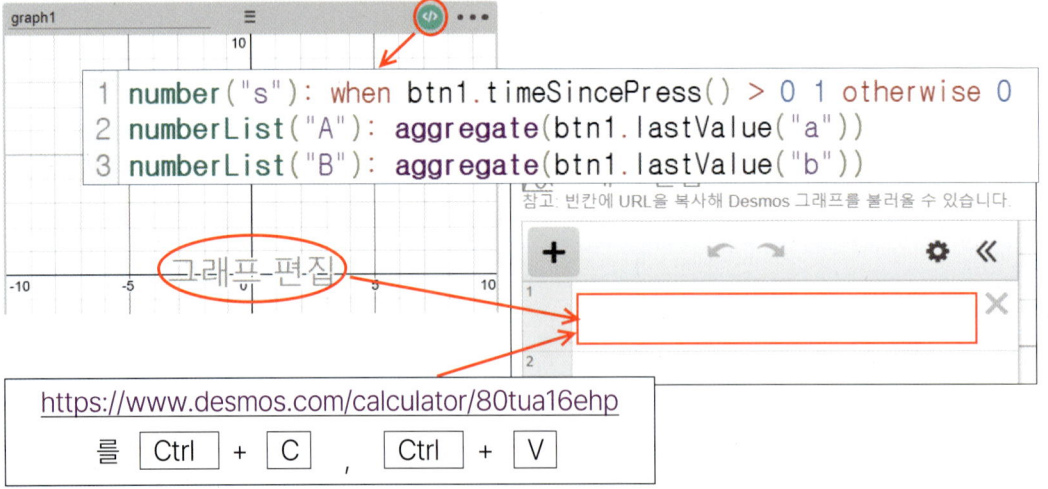

https://www.desmos.com/calculator/80tua16ehp 를 Ctrl + C , Ctrl + V

⇨ 명령어 해석

1행: 그래프의 수 s를 행동버튼 btn1이 눌러지면 1로 그렇지 않으면 0으로 둔다.
2행: btn1에 마지막에 캡처된 a값을 리스트 A에 집계한다.
3행: btn1에 마지막에 캡처된 b값을 리스트 B에 집계한다.

③ 행동버튼 스크립트 편집창을 열고 명령어를 입력한다.

```
1  resetLabel: "다시하기"
2  disabled: graph1.number("a") = -9 and graph1.number("b") = 9
3  capture("a"): graph1.number("a")
4  capture("b"): graph1.number("b")
```

⇨ 명령어 해석

　1행: 행동버튼이 눌러졌을 때 버튼의 레이블을 "다시하기"로 설정한다.
　2행: graph1의 a값이 -9이고 b값이 9일 때, 버튼을 사용할 수 없도록 한다.
　　(※ 점을 이동시키지 않을 경우를 대비한 것임)
　3행: graph1의 a값(점의 x좌표)을 a로 캡처한다.
　4행: graph1의 b값(점의 y좌표)을 b로 캡처한다.

2. allowEraser (지우개 사용 가능 여부)

1) 명령어의 역할
allowEraser는 그림판에서 지우개를 사용할 수 있을지 없을지를 정해주는 명령어이다. 학생들이 그림판에서 지우개를 사용할 수 없도록 할 때 사용한다.
사용 가능 구성요소: 그림판

2) 활용예시 체험
QR코드의 3번 슬라이드를 열어 두 그림판에 그림을 그려보자. 처음엔 두 그림판 모두 지우개가 보이나 오른쪽 그림판은 그림을 많이 그리면 지우개가 사라진다.

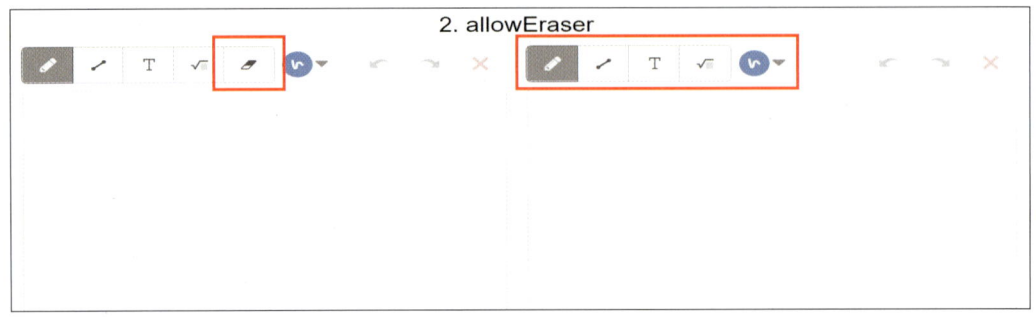

〈3번 슬라이드〉

3) 제작 방법
▶ 3번 슬라이드

① 그림판을 2개 불러와서 오른쪽 그림판에 스크립트 편집창을 열어 명령어를 입력한다.

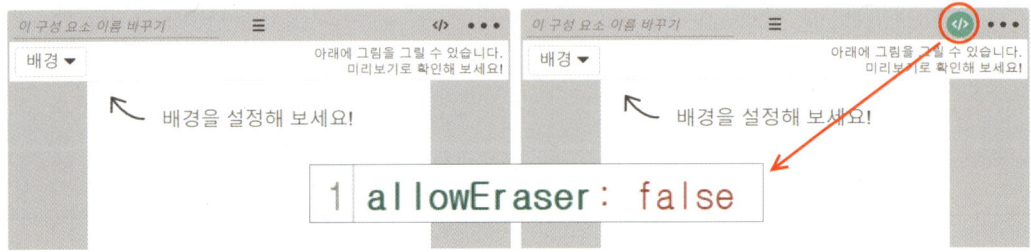

⇨ **명령어 해석**: false를 써서 그림판에서 지우개를 사용할 수 없도록 한다.

※ allowEraser 에 대한 명령어를 사용하지 않으면 지우개 사용이 가능하다. 위에서 소개한 체험예시는 when otherwise 구문을 활용하여 조건을 만족할 때 지우개가 비활성화되도록 만든 것이다.

26   desmos 명령어 50개 익히기

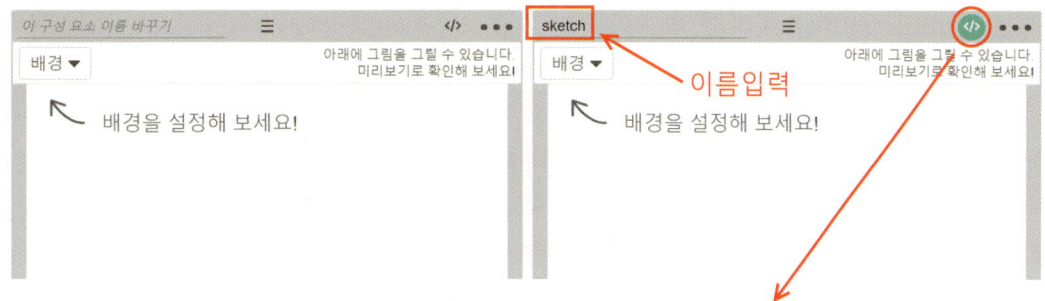

⇨ **명령어 해석**:
그림판의 전체 선의 길이가 1이 넘어가면 지우개를 사용할 수 없고, 그렇지 않을 경우, 지우개를 사용할 수 있다.

※ 그림판에 그려진 선의 길이의 합이 1을 넘지 않을 경우, 지우개를 사용할 수 있음.

※ 그림판에 그려진 선의 길이의 합이 1을 넘을 경우, 지우개를 사용할 수 없음.

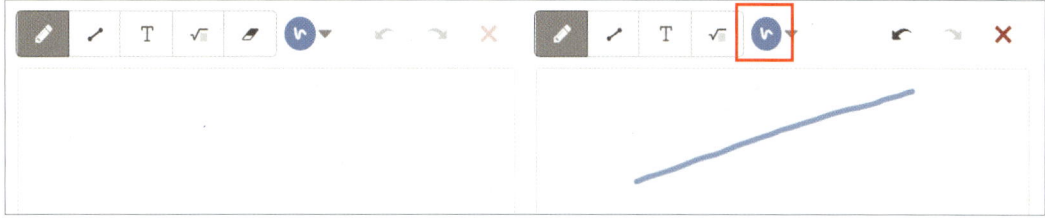

3. animationDuration (재생 길이)

1) 명령어의 역할
animationDuration은 그래프 위에 애니메이션 재생 버튼을 추가하며 재생 길이(시간)를 설정하는 명령어이다.
사용 가능 구성요소: 그래프

2) 활용예시 체험
QR코드의 4번 슬라이드를 열어 수식입력란에 숫자를 입력하고, 그래프의 재생 버튼을 눌러 애니메이션을 관찰해보자. 입력 숫자(초) 시간 만큼만 애니메이션이 재생됨을 알 수 있다.

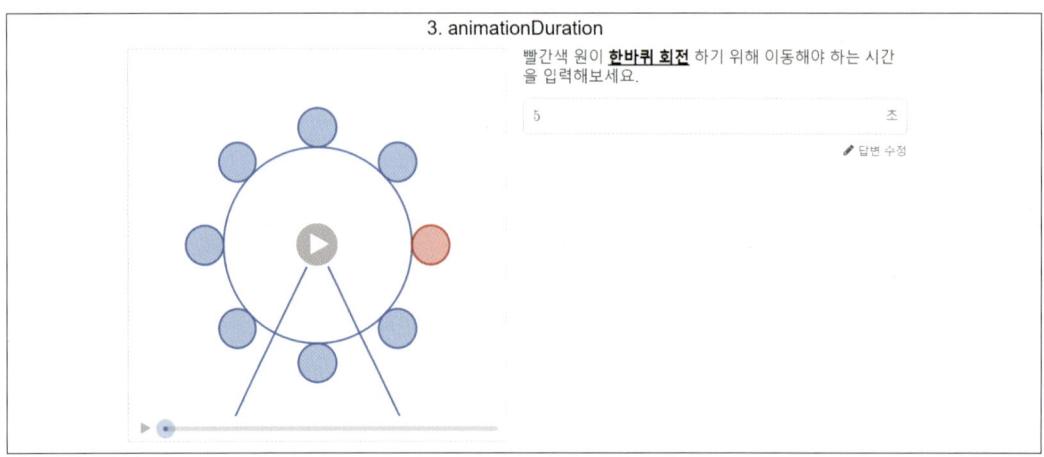
〈4번 슬라이드〉

3) 제작 방법
▶ 4번 슬라이드
① 그래프, 메모, 수식입력란를 불러오고 메모의 문구와 수식입력란의 이름을 입력한다.

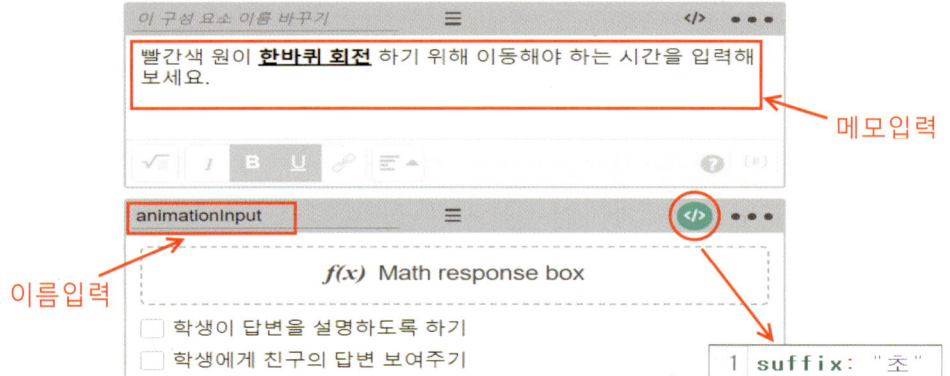

② 수식입력란의 스크립트 편집창을 열고 명령어를 입력한다.

▷ 명령어 해석
　수식입력란의 마지막에 "초"가 나타나게 한다.

③ 그래프의 이름을 입력하고 그래프 편집창을 열어 아래 그래핑계산기 주소를 복사 붙여넣기 한다.

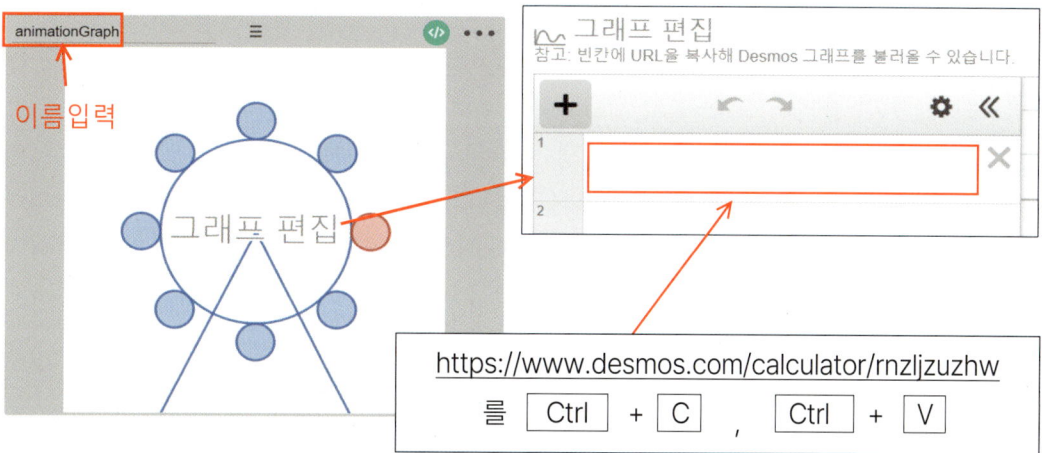

④ 그래프 스크립트 편집창을 열고 명령어를 입력한다.

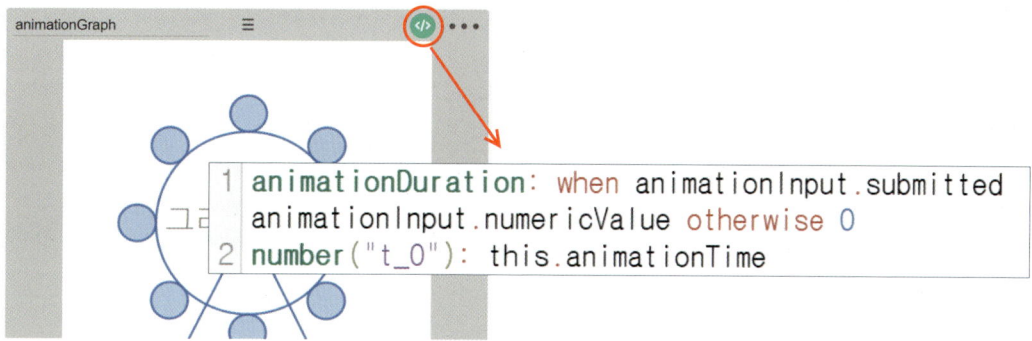

▷ 명령어 해석
　1행: when otherwise 구문을 사용하여 수식입력란이 제출됐을 때는 수식입력란의 숫자값을 재생시간으로 사용하고, 제출되지 않았을 때는 재생시간을 0으로 한다.
　2행: 이 애니메이션의 재생시간을 그래프의 t_0 값으로 사용한다. 이 때 t_0는 대관람차가 돌아가는 시간을 의미하는 동시에 대관람차가 돌아가는 각을 의미한다.
　　　애니메이션이 재생되는 시간이 0초에서 4초로 변할 때, t_0값도 0에서 4로 변한다.

29

4. animationTime (현재 재생 시간)

1) 명령어의 역할
animationTime은 애니메이션이 재생될 때, 현재 재생되고 있는 시간을 가져오기 위해 사용한다. 현재 재생되는 시간을 이용하여 특정한 값을 나타내고 싶을 때 사용할 수 있다. 예를 들어 총 재생 시간 10초 중에 5초 재생 중이면 5를 값으로 가져온다.
사용 가능 구성요소: 그래프

2) 활용예시 체험
QR코드의 5번 슬라이드를 열고 그림판에 시간에 따른 빨간색 원 중심의 y좌표 변화를 그려보자. 그 후 그래프의 재생 버튼을 눌러 그래프 화면과 그림판에 어떤 변화가 있는지 살펴보자. 그래프 화면은 기존의 빨간 원과 스케치한 그래프에 의해 움직이는 빨간 원이 나타나 비교가 가능하다. 그림판은 기존의 빨간 원의 움직임에 대한 그래프와 스케치한 그래프를 비교할 수 있다.

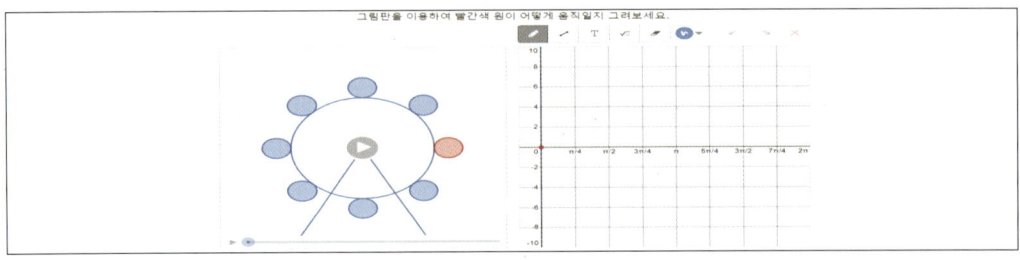

〈5번 슬라이드〉

3) 제작 방법
▶ 5번 슬라이드
① 그래프, 그림판을 불러온다. 그래프 편집창을 열어 아래 그래핑계산기 주소를 복사, 붙여넣기 한다.

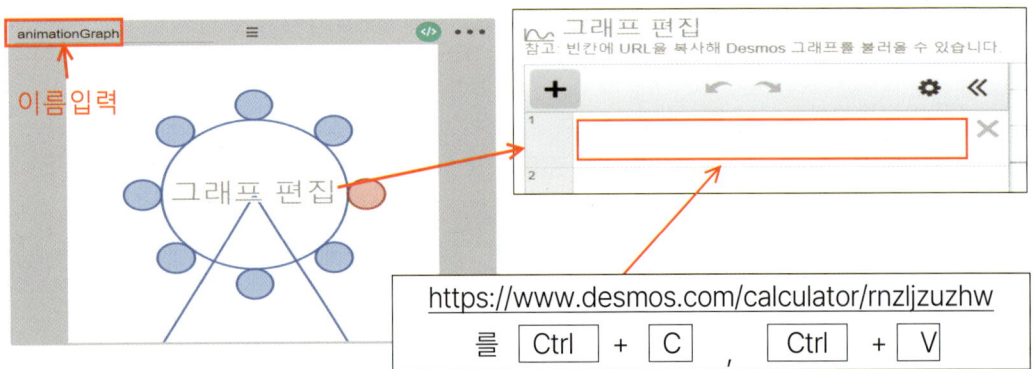

30 desmos 명령어 50개 익히기

② 그래프의 이름을 입력하고 그래프의 스크립트 편집창을 열어 명령어를 입력한다.

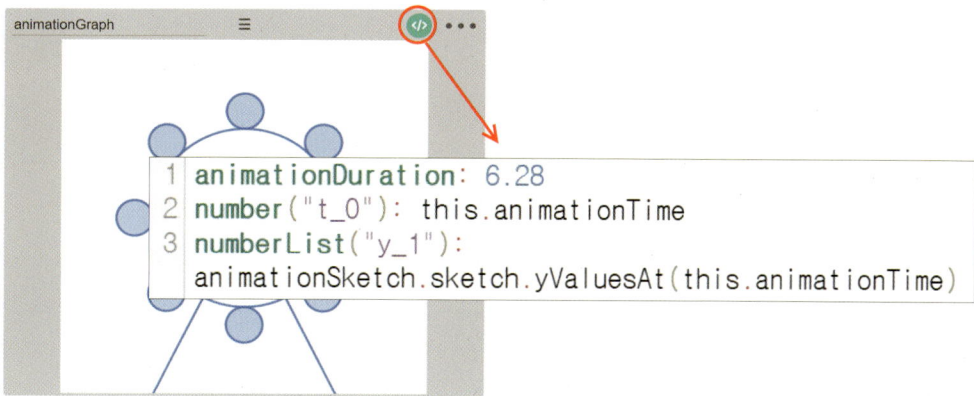

⇨ 명령어 해석

　1행: 애니메이션의 재생 길이(시간)를 6.28초로 한다.
　2행: 이 애니메이션의 재생시간을 그래프의 t_0 값으로 사용한다.
　3행: animationSketch에 그린 스케치(그래프)에서 animationGraph의 현재 재생
　　　시간을 x값으로 하는 y값들을 그래프의 리스트 y_1으로 사용한다.
　　　(예를 들어 animationGraph의 현재 재생 시간이 3초일 때는 그림판의 x값이
　　　3일때 그림판에 그려진 y값을 가져옴)

③ 그림판의 이름을 입력하고 그림판의 그래프 편집을 열어 수식을 입력한 뒤, 그래프의 설정을 아래처럼 수정해주고 그림판 스크립트 편집창을 열어 명령어를 입력한다.

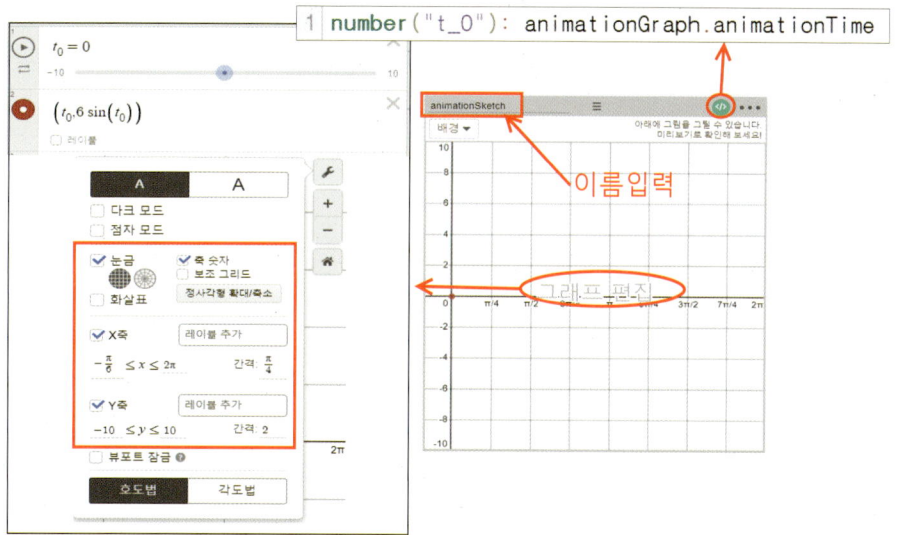

⇨ 명령어 해석: animationGraph의 재생시간을 그림판에 있는 그래프의 t_0 값으로 사용한다.

5. availableColors (사용 가능한 색상)

1) 명령어의 역할
availableColors는 그림판에서 몇 가지 색상만을 정해서 쓰거나, 따로 색상을 추가하는 명령어이다. 기존에 제공되는 색상 이외에도 여러 가지 색을 추가할 수 있다.
사용 가능 구성요소: 그림판

2) 활용예시 체험
QR코드의 6번 슬라이드를 열어 기본 그림판과 availableColors를 적용한 그림판에서 사용할 수 있는 색상을 관찰해보자.

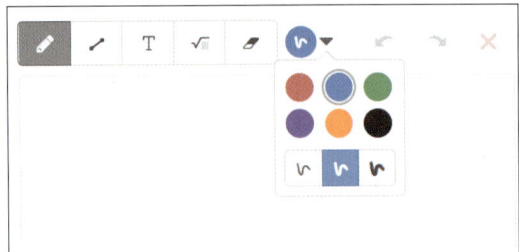 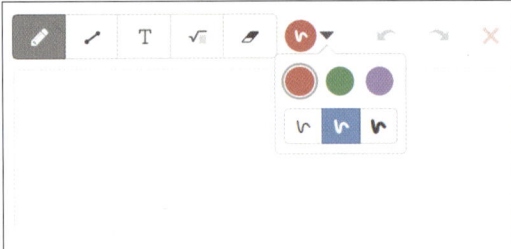

〈6번 슬라이드〉

3) 제작 방법
▶ 6번 슬라이드
① 그림판을 2개 불러와서 왼쪽 그림판에는 스크립트를 입력하지 않고 오른쪽 그림판에만 스크립트를 입력한다.

⇨ 명령어 해석
그림판에서 사용할 수 있는 색을 빨강, 초록, rgb(163,104,229) 3가지 색으로 설정한다.

※ 인터넷 검색창에 'RGB 색상표'를 검색하면 원하는 색을 쉽게 찾을 수 있다.

6. background (배경)

1) 명령어의 역할
background는 그래프나 그림판의 배경을 설정해주는 명령어이다. 앞 슬라이드에서 만든 그래프나 그림판을 다른 슬라이드의 배경으로 사용하고 싶을 때 사용한다.
사용 가능 구성요소: 그래프, 그림판, 그래핑계산기

2) 활용예시 체험
QR코드의 7번 슬라이드를 열어 그래핑계산기에 원하는 식을 입력하고, 8번 슬라이드의 변화를 관찰해보자.
9번 슬라이드의 그림판에는 그림을 아무거나 그리고, 10번 슬라이드의 변화를 관찰하자.

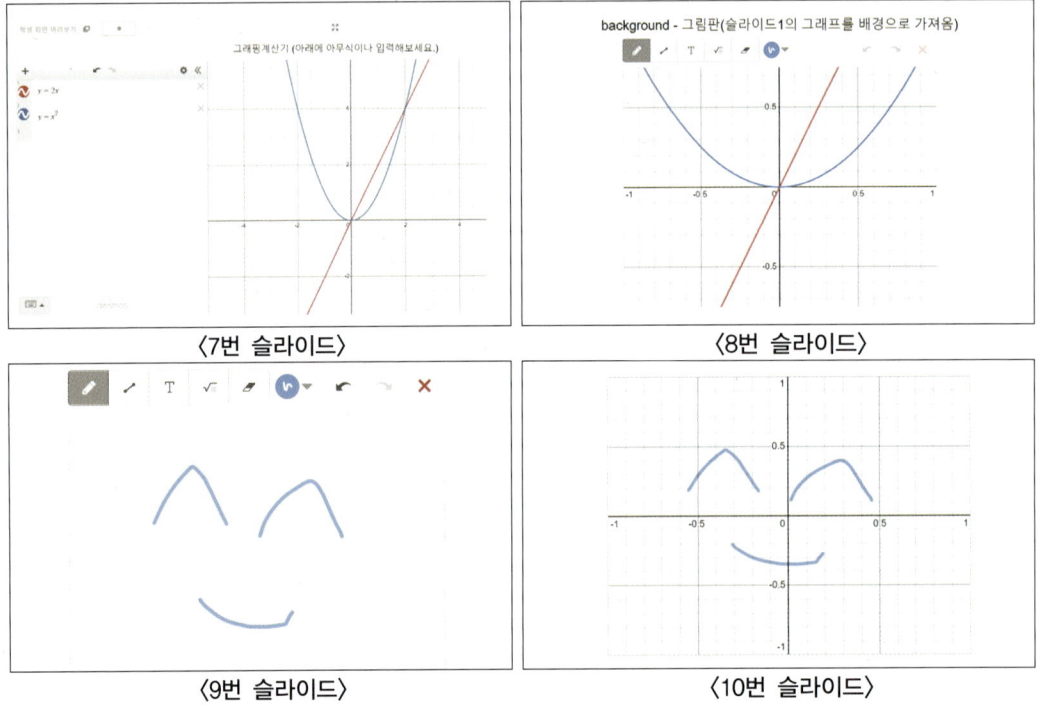

〈7번 슬라이드〉　　〈8번 슬라이드〉
〈9번 슬라이드〉　　〈10번 슬라이드〉

※ 7, 8번 슬라이드가 그래핑계산기의 내용을 그림판의 배경으로 가져오는 방법이라면, 9, 10번 슬라이드는 그림판의 내용을 그래프의 배경으로 가져오는 방법이다.

background를 사용하여 다른 그림판이나 그래프의 결과물을 어떻게 배경으로 가져올 수 있는지 알아보자.

3) 제작 방법

▶ 7번 슬라이드

① 그래핑계산기를 불러오고 그래핑계산기의 이름을 입력한다.

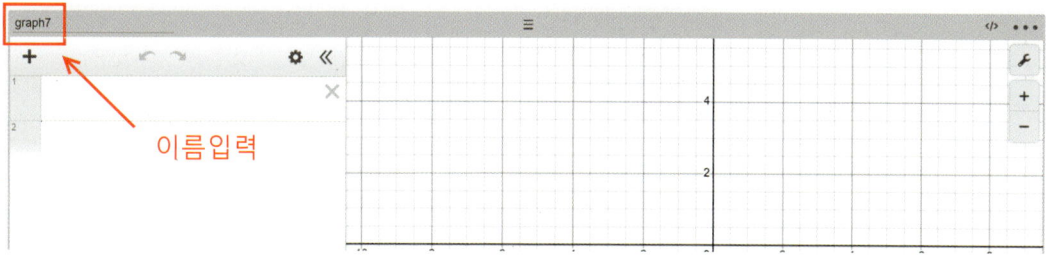

▶ 8번 슬라이드

① 그림판을 불러오고, 그림판 스크립트 편집창을 열고 명령어를 입력한다.

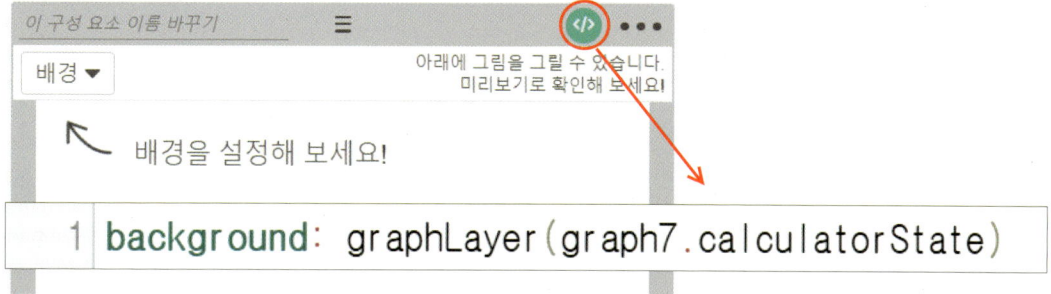

⇨ **명령어 해석**

　　graph7 그래핑계산기의 내용을 그림판의 배경으로 가져온다.

▶ 9번 슬라이드

① 그림판을 불러오고 그림판의 이름을 입력한다.

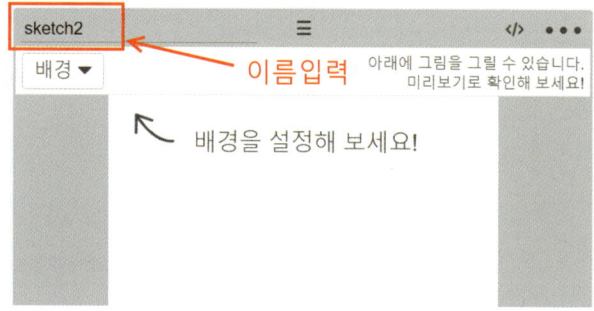

▶ 10번 슬라이드

① 그래프를 불러오고 그래프 스크립트 편집창을 열어 명령어를 입력한다.

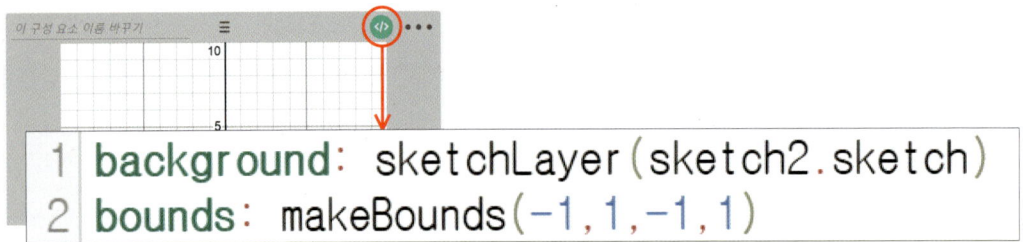

⇨ **명령어 해석**

1행: sketch2 그림판의 스케치를 그래프의 배경으로 가져온다.
2행: 그래프의 경계를 $-1 < x < 1$, $-1 < y < 1$로 설정한다.

※ background 명령어로 배경을 가져오는 경우

구분	명령어
한 개의 그림판/그래프 가져오기	background : sketchLayer(그림판 이름.sketch)
	background : graphLayer(그래프 이름.calculatorState)
여러 개의 그림판 가져오기	background : sketchLayer(mergeSketches(그림판1.sketch, 그림판2.sketch)) ↳하나의 스케치로 묶기
	background : layerStack(sketchLayer(그림판1.sketch), sketchLayer(그림판2.sketches))
여러 개의 그래프 가져오기	background : layerStack(graphLayer(그래프1.calculatorState), graphLayer(그래프2.calculatorState))
그림판과 그래프 가져오기	background : layerStack(sketchLayer(그림판 이름.sketch), graphLayer(그래프 이름.calculatorState))

7. bounds (경계)

1) 명령어의 역할
bounds는 그림판이나 그래프에서 액티비티 실행시 화면에 보이는 영역의 경계를 설정하고 싶을 때 사용한다. 기본적으로 makeBounds와 함께 사용되며 왼쪽, 오른쪽(x좌표), 아래쪽, 위쪽(y좌표)의 경계를 지정할 수 있다.

사용 가능 구성요소: 그래프, 그림판

2) 활용예시 체험
QR코드의 11번, 12번 슬라이드를 열고 각 화면의 경계를 비교해보자. 11번 슬라이드의 경계는 제 1사분면이고, 12번 슬라이드는 $-5 < x < 15$, $-15 < y < 5$를 경계로 한다.

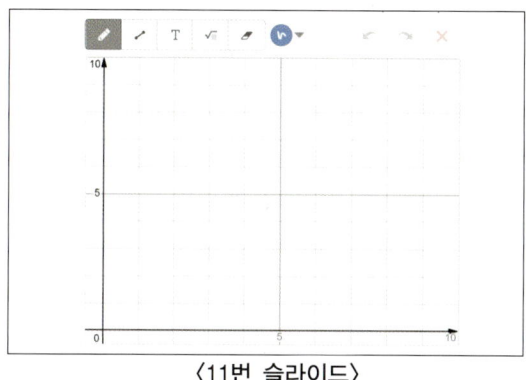
〈11번 슬라이드〉

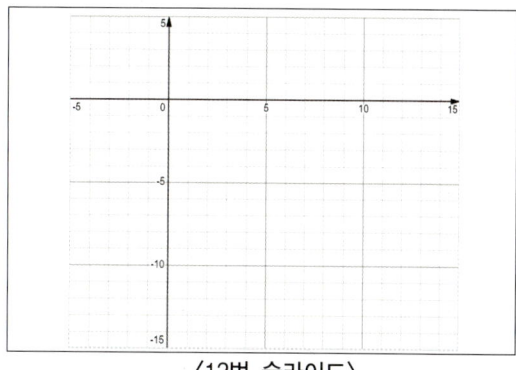
〈12번 슬라이드〉

3) 제작 방법

▶ 11번 슬라이드

① 그림판을 불러오고 그림판의 배경을 편집 가능한 그래프로 변경한 후, 스크립트 편집창을 열어 명령어를 입력한다.

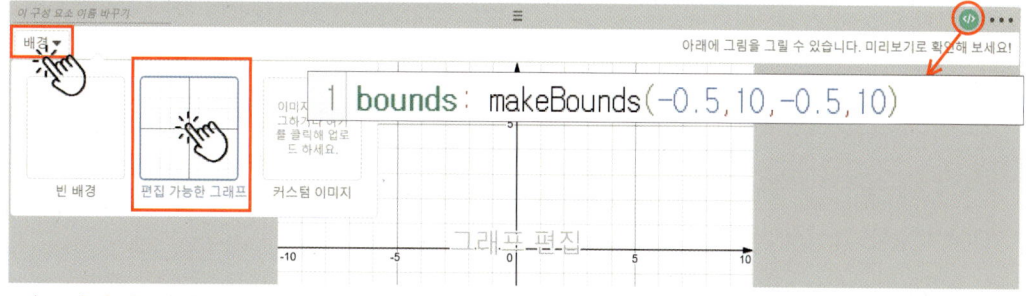

⇨ **명령어 해석**
　그림판의 경계를 $-0.5 < x < 10$, $-0.5 < y < 10$로 **설정한다.**

▶ 12번 슬라이드

① 그래프를 불러오고, 그래프 스크립트 편집창을 열어 명령어를 입력한다.

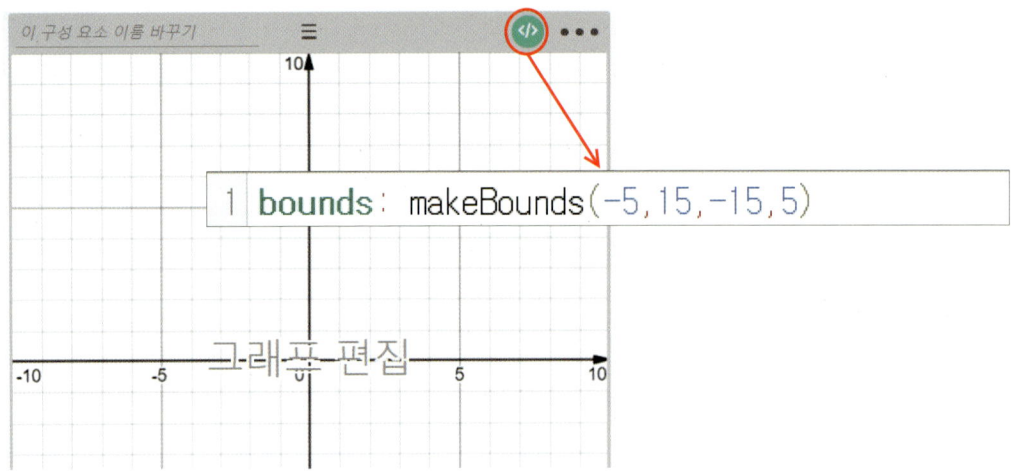

⇨ 명령어 해석

그래프의 경계를 $-5 < x < 15$, $-15 < y < 5$로 설정한다.

※ 11번 슬라이드와 12번 슬라이드 모두 그래프 편집창에서 설정 메뉴에 들어가면 축의 화살표를 설정할 수 있다.

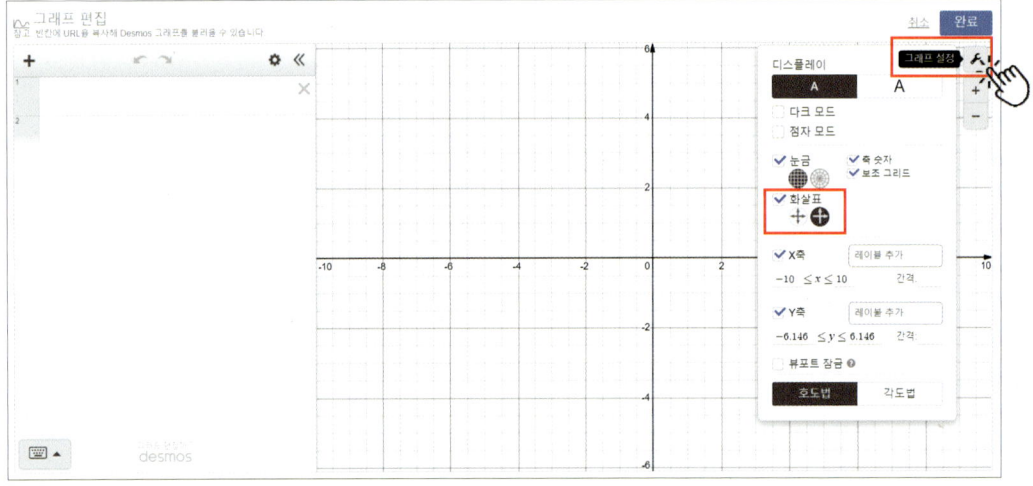

8. calculatorState (그래프, 그림판 상태 나타내기)

1) 명령어의 역할
calculatorState는 그림판이나 그래프 구성요소에 이전 화면에서 사용한 그래프를 똑같이 불러오고 싶을 때 사용한다.
사용 가능 구성요소: 그래프, 그림판

2) 활용예시 체험
QR코드의 13번 슬라이드를 열고 그래핑계산기에 원하는 식을 입력한 후, 14번 슬라이드의 그래프와 그림판을 관찰해보자. 앞 스크린에서 생성한 그래프가 배경으로 나타나는 것을 알 수 있다.

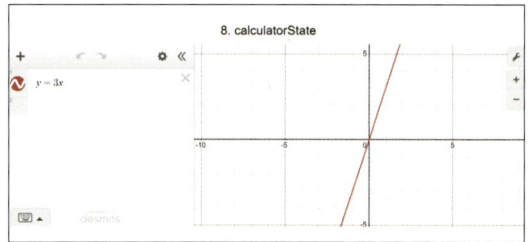
〈13번 슬라이드〉

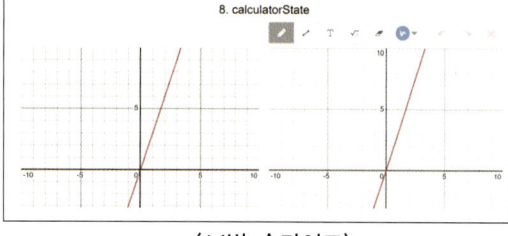
〈14번 슬라이드〉

3) 제작 방법
▶ 13번 슬라이드

① 그래핑계산기(혹은 그래프)를 불러온 후, 그래핑계산기의 이름을 입력하고 원하는 식을 입력한다.

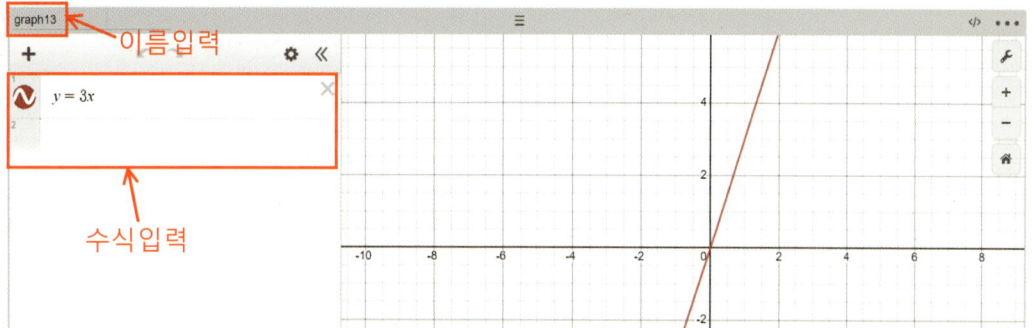

▶ 14번 슬라이드

① 그래프와 그림판을 불러온 후, 그래프와 그림판에 각각 스크립트 편집창을 열고 명령어를 입력한다.

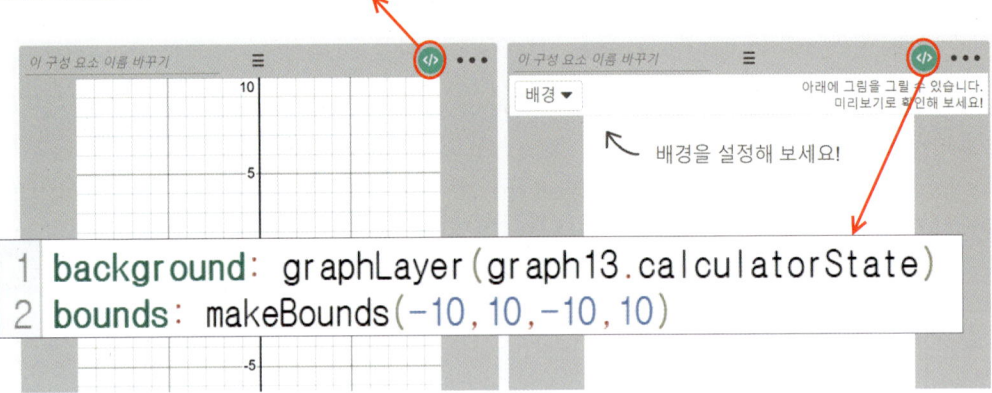

⇨ 명령어 해석(그래프)
　graph13의 내용을 이 그래프의 배경으로 가져온다.

⇨ 명령어 해석(그림판)
　1행: graph13의 내용을 이 그림판의 배경으로 가져온다.
　2행: 경계를 $-10 < x < 10$, $-10 < y < 10$으로 설정한다.

※ 그림판의 경우 경계를 설정하지 않으면 기본적으로 x축, y축 각각을 0.1 단위로 설정하여 아래와 같이 $-1 < x < 1$, $-1 < y < 1$을 경계로 보여준다.

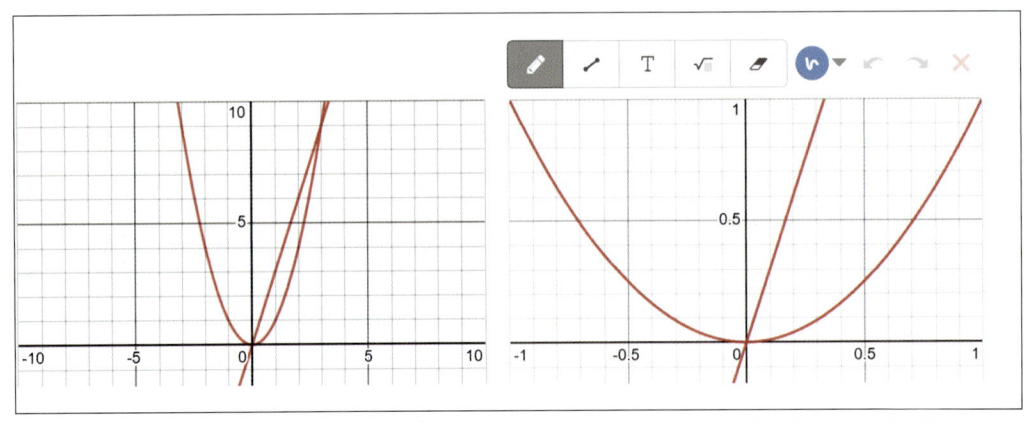

〈경계를 설정하지 않은 그래프〉　　〈경계를 설정하지 않은 그림판〉

9. capture (캡처하기)

1) 명령어의 역할

capture는 실제로 화면을 캡처하는 명령어가 아니라, 행동버튼을 이용하여 원하는 값 또는 수식입력란에 입력한 값을 기록하고, 계속해서 남겨두고 싶을 때 사용하는 명령어이다. 뒤에 나올 명령어인 history나 lastValue와 같이 사용한다.

<mark># 사용 가능 구성요소: 행동버튼, 수식입력란</mark>

2) 활용예시 체험

QR코드의 15번 슬라이드를 열어 조사하고 싶은 x값을 입력한 뒤 제출버튼을 눌러보자. 그러면 그래프 위에 입력한 값을 x좌표로 갖는 점이 찍힌다. 다시 입력해도 점이 누적되어 나타난다. 16번 슬라이드도 마찬가지이다.

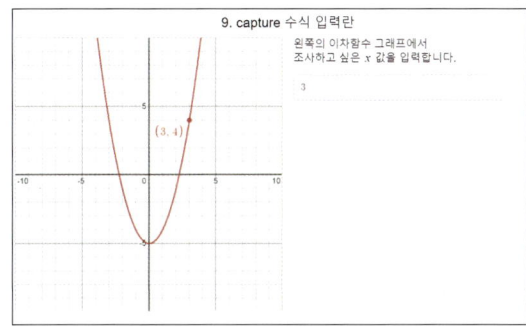

〈15번 슬라이드〉

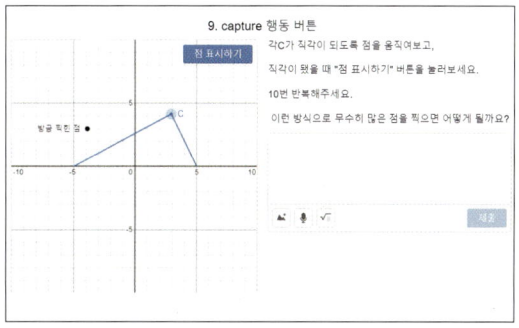

〈16번 슬라이드〉

3) 제작 방법

▶ 15번 슬라이드

① 그래프와 메모, 수식입력란을 불러오고 메모의 문구와 수식입력란의 이름을 입력한 후, 행동 버튼 스크립트 편집창을 열어 명령어를 입력한다.

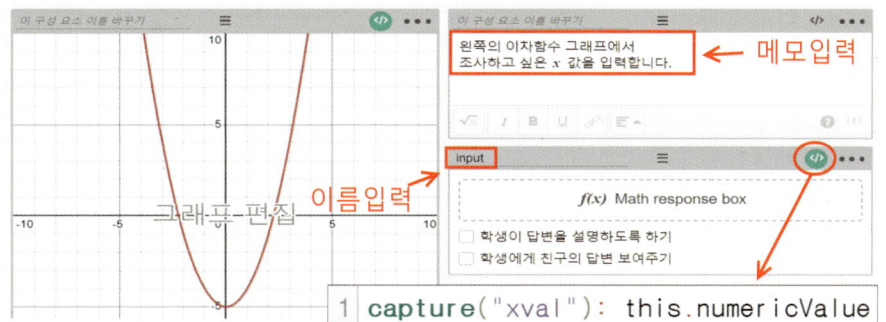

⇨ **명령어 해석**: 수식입력란 input의 숫자값을 캡처해 xval에 모아둔다.

② 그래프 편집창을 열어 수식을, 그래프의 스크립트 편집창을 열어 명령어를 입력한다.
※ 그래프 편집 시 생기는 에러 표시에 대해서는 무시해도 된다.

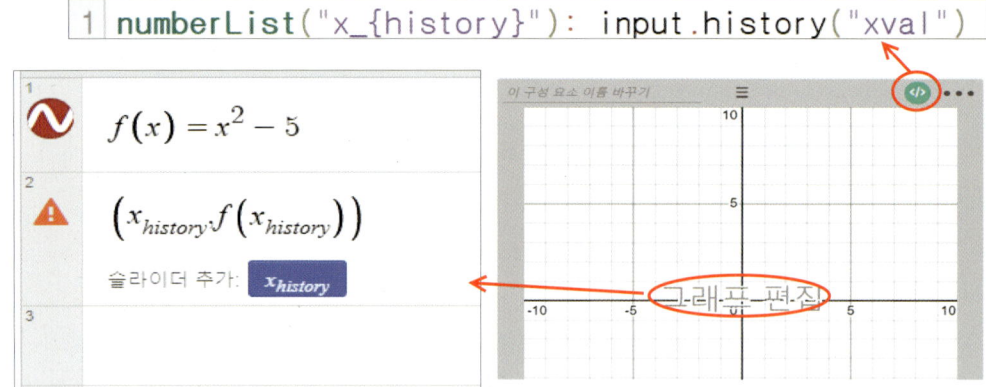

⇨ 명령어 해석

input의 값을 캡처한 xval에서 모아둔 값들을 $x_{history}$에 숫자 리스트로 저장한다.

▸ 16번 슬라이드

① 그래프와 메모, 행동버튼, 텍스트입력을 불러오고 메모의 문구와 그래프, 행동버튼의 이름을 입력한 후, 행동버튼 스크립트 편집창을 열어 명령어를 입력한다.

※ 이 때, 행동버튼 구성요소는 행동버튼 가운데 위쪽의 ≡를 눌러 드래그하여 그래프에 붙이면 행동버튼이 그래프 화면 오른쪽 위에 보이게 할 수 있다.

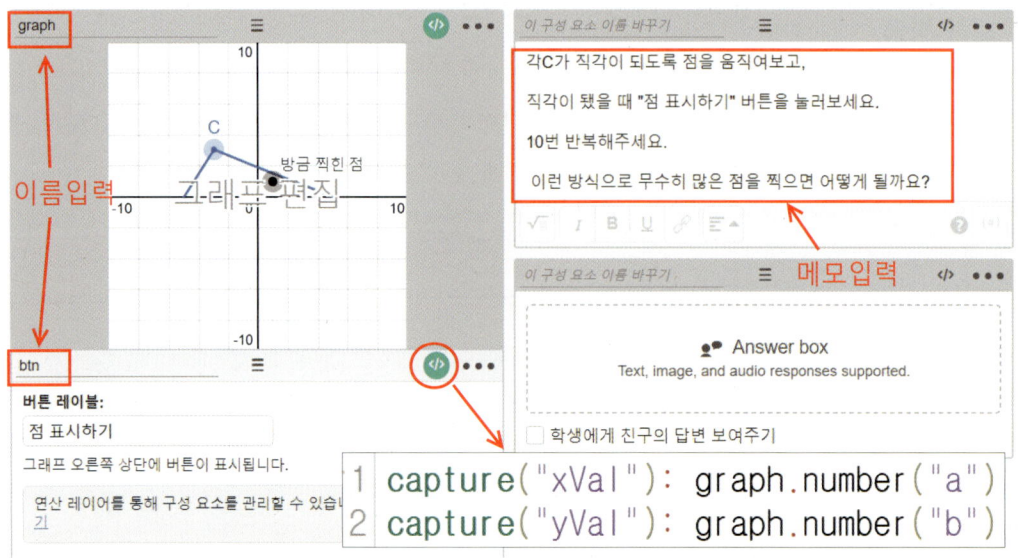

⇨ 명령어 해석: graph의 a, b값을 각각 xVal, yVal에 캡처한다.

42   desmos 명령어 50개 익히기

② 그래프 편집창을 열어 수식을, 그래프 스크립트 편집창을 열어 명령어를 입력한다.

※ 그래프 편집시에 (a,b)만 입력하면 a,b에 관한 슬라이더는 자동으로 생성된다.

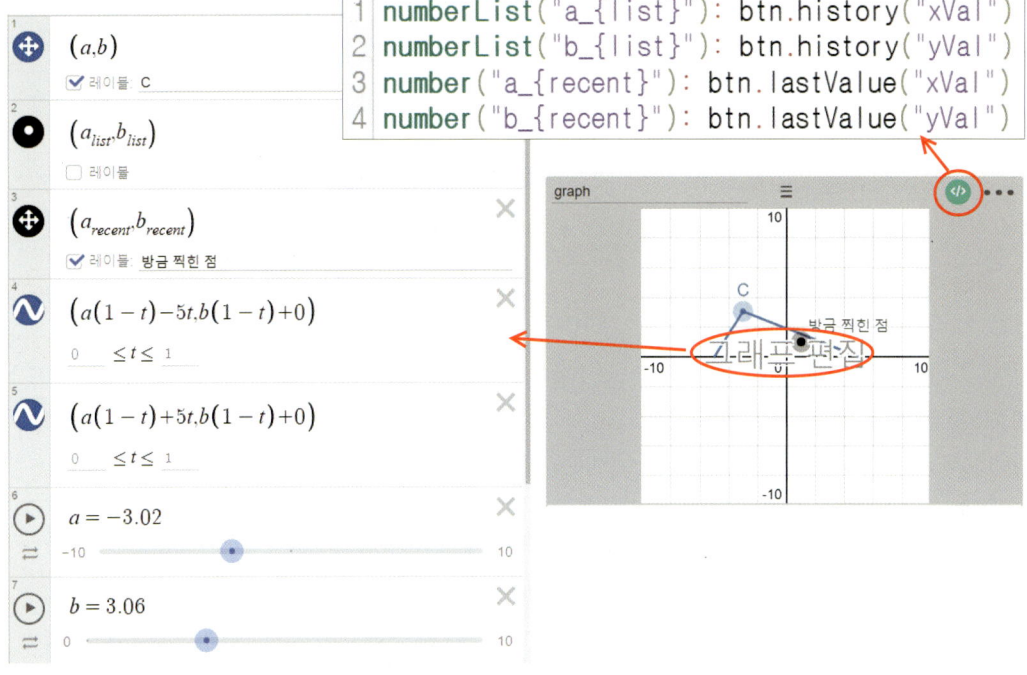

⇨ **수식 해석**

1행: 행동버튼 btn으로 캡처할 좌표 (a,b)이다.
2행: btn이 캡처한 xVal와 yVal의 히스토리를 가져온 숫자 리스트로 구성된 좌표이다.
3행: btn이 캡처한 xVal와 yVal의 마지막 값을 가져온 숫자 값으로 된 좌표이다.
4행~5행: $(-5,0)$과 (a,b), $(5,0)$과 (a,b)를 각각 두 점으로 하는 선분이다.
6행 이후: 좌표를 입력하면 나타나는 슬라이더이며 직접 입력할 필요는 없다

⇨ **명령어 해석**

1행~2행: btn의 값을 캡처한 xVal, yVal의 히스토리를 a_{list}, b_{list}에 숫자 리스트로 저장한다.
3행~4행: btn의 가장 최근값을 a_{recent}, b_{recent}에 숫자 값으로 저장한다.

※ history와 lastValue의 차이점 : history 대신 lastValue를 입력하면 캡처한 값들 중 가장 마지막 값 하나만 그래프의 변수가 받게 된다. 그래서 버튼을 클릭할 때마다 이전에 찍힌 점들은 사라지고 가장 최근에 캡처한 점 하나만 나타난다. 이때 그래프 변수는 numberList가 아니라 number를 사용한다.

10. cellContent (셀 내용)

1) 명령어의 역할

cellContent는 싱크로 사용될 경우는 다른 구성요소의 값을 받아와 표의 내용을 채우는 용도로 사용되며, 소스로 사용될 경우는 표의 내용이 다른 구성요소의 어떤 값을 채우는 용도로 사용된다. 주로 표와 다른 구성요소를 연결할 때 사용한다.
사용 가능 구성요소: 표

2) 활용예시 체험

QR코드의 17번 슬라이드를 열어 그래프의 (1,1)에 있는 점을 이동시켜보자. 그러면 표의 값이 위치가 변한 점의 좌표에 따라 변하는 것을 확인할 수 있다. 18번 슬라이드는 표에 삼각형의 종류를 입력하면 왼쪽의 그래프에 그 내용이 나타나는 것을 관찰할 수 있다.

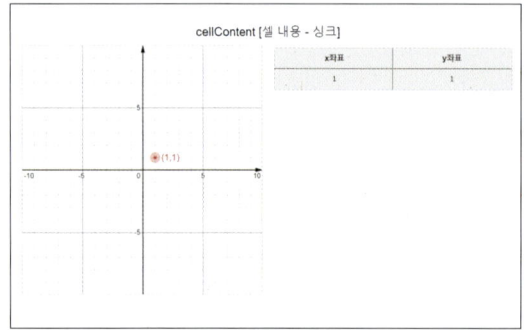

〈17번 슬라이드〉

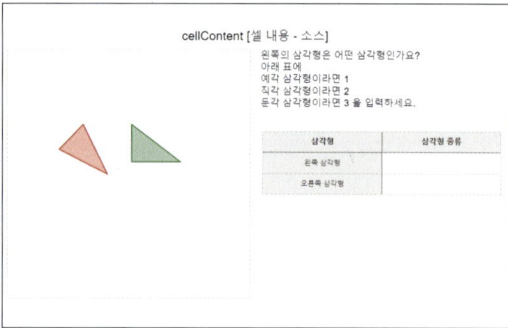

〈18번 슬라이드〉

3) 제작 방법

▶ 17번 슬라이드

① 그래프와 표를 불러오고, 그래프 이름을 입력한다. 그래프 편집창을 열어 수식을 입력한다.

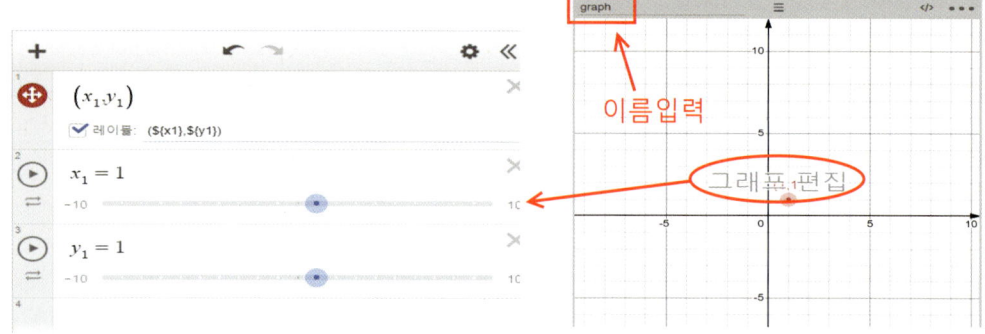

② 표의 내용을 채운 뒤, 표의 스크립트 편집창을 열고 명령어를 입력한다.

```
1  cellContent(1,1): "${graph.number("x_1")}"
2  cellContent(1,2): "${graph.number("y_1")}"
```

표 내용입력

⇨ **명령어 해석**

　1행: 셀의 1행 1열(제목행 제외)의 값을 graph의 x_1값으로 한다.

　2행: 셀의 1행 2열(제목행 제외)의 값을 graph의 y_1값으로 한다.

※ cellContent는 숫자값을 인식하지 못하므로 그래프 변수를 "${ }"로 감싸야 한다.

▶ **18번 슬라이드**

① 그래프와 메모, 표를 불러오고, 그래프 이름을 입력한다. 그래프 편집창을 열어 수식을 입력한다.

```
1  pointLabel("x_1"): table1.cellContent(1,2)
2  pointLabel("x_2"): table1.cellContent(2,2)
```

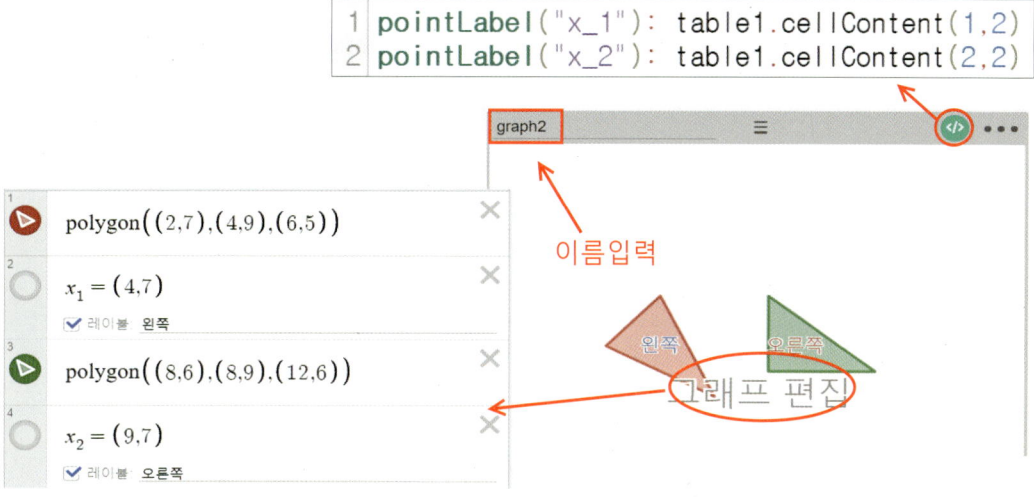

이름입력

그래프 편집

⇨ **수식 해석**

　1행, 3행: $(2,7),(4,9),(6,5)$를 세 점으로 하는 삼각형을 만든다.

　2행, 4행: 표의 내용이 입력될 좌표를 만들어 둔다.

⇨ **명령어 해석**: 표의 1행 2열, 2행 2열의 내용을 각각 점 x_1, x_2의 레이블로 사용한다.

45

② 메모의 내용을 입력하고 표의 이름과 표의 내용을 입력한다.

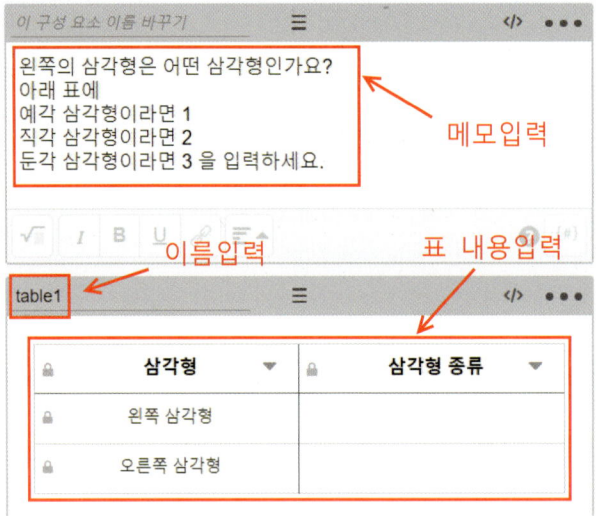

※ 표의 내용을 텍스트로 입력하고 싶은 경우에는 아래와 같이 제목행의 ▼를 눌러 텍스트로 구성을 클릭한다.

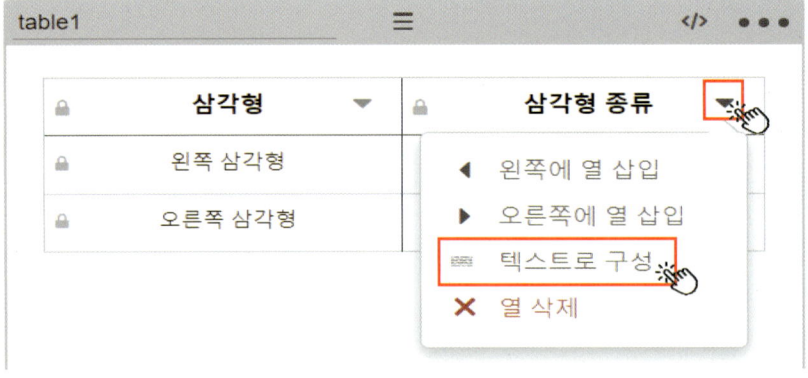

11. cellDisableEvaluation (셀 값 계산하지 않기)

1) 명령어의 역할

cellDisableEvaluation는 표에서 숫자 값을 입력할 때, 기본적으로는 숫자 값을 계산한 값(혹은 근삿값)을 같이 보여주는데, 이를 감추기 위해 사용하는 명령어이다.
사용 가능 구성요소: 표

2) 활용예시 체험

QR코드의 19번 슬라이드를 열어 원의 둘레와 넓이를 각각 6pi, 9pi라고 입력해보자. 원의 둘레 6π에 대한 계산값은 나타나지 않지만, 원의 넓이 9π에 대한 값은 계산되어 나타남을 확인할 수 있다.

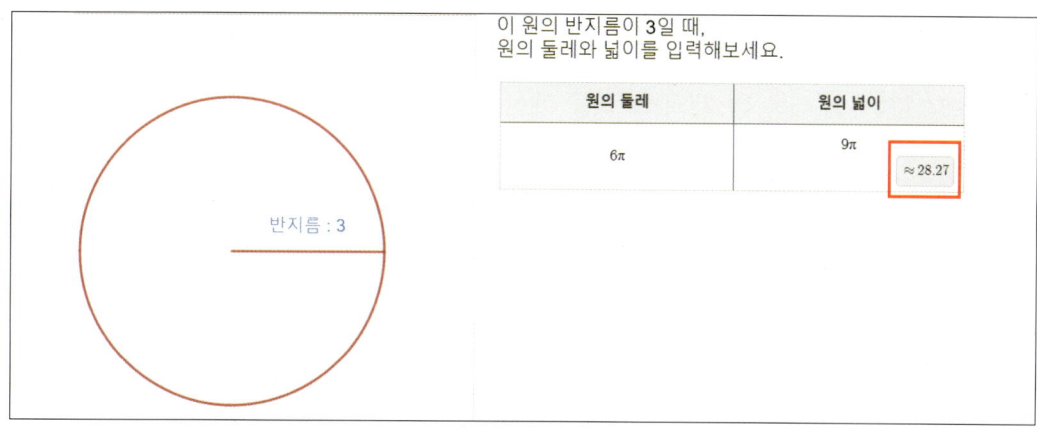

〈19번 슬라이드〉

3) 제작 방법

▶ 19번 슬라이드

① 그래프와 메모, 표를 불러오고 그래프 편집창을 열어 그래프의 수식을 입력한다.

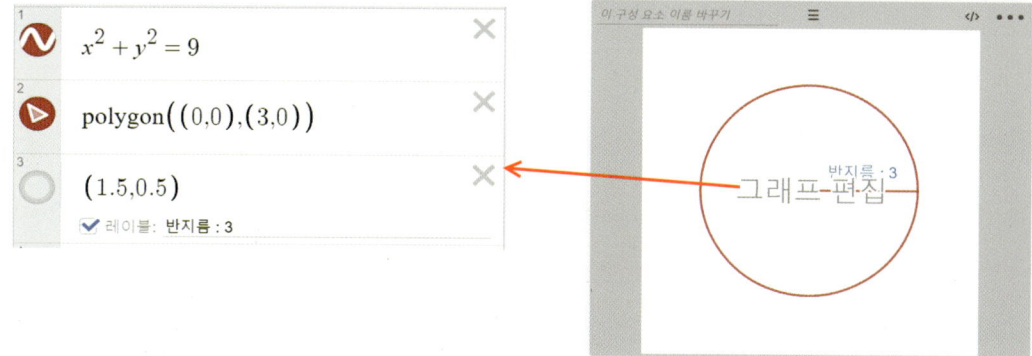

② 메모의 문구와 표의 내용을 입력한 후, 표의 스크립트 편집창을 열어 명령어를 입력한다.

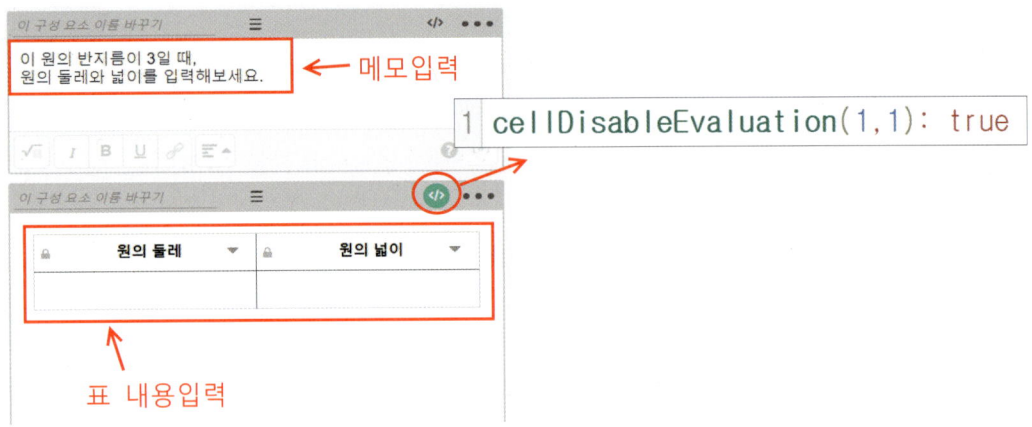

⇨ 명령어 해석

표의 1행 1열(제목 행 제외)의 값을 계산하지 않겠다는 명령어이다.

※ 그래프 편집창에서 선분을 입력하는 다양한 방법

1) 점 2개를 이용한 방법

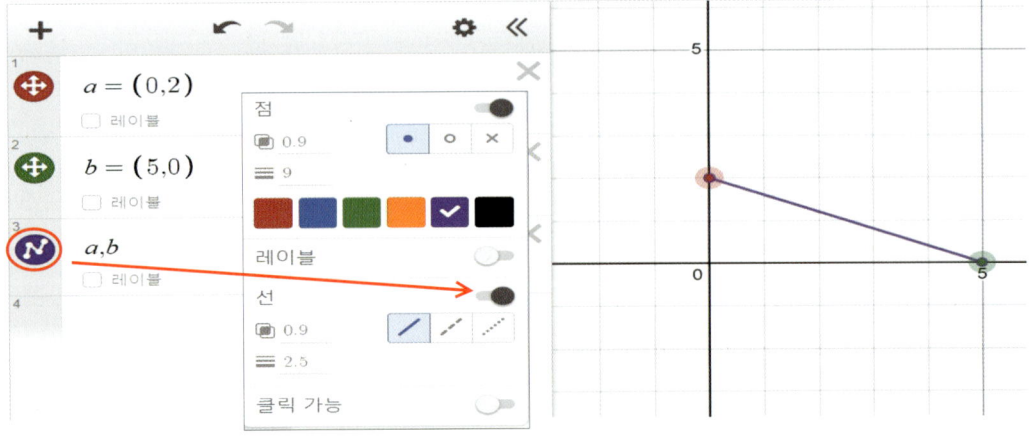

2) 표를 이용한 방법

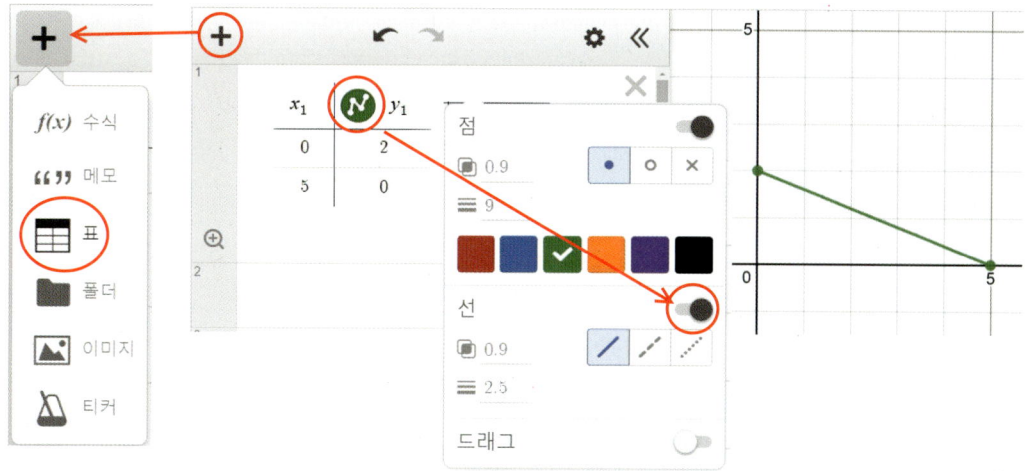

3) 다각형(polygon)을 이용하는 방법

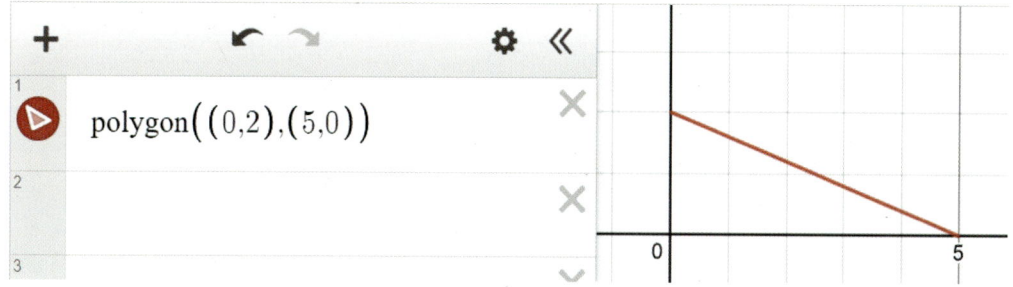

4) 수식을 이용하는 방법

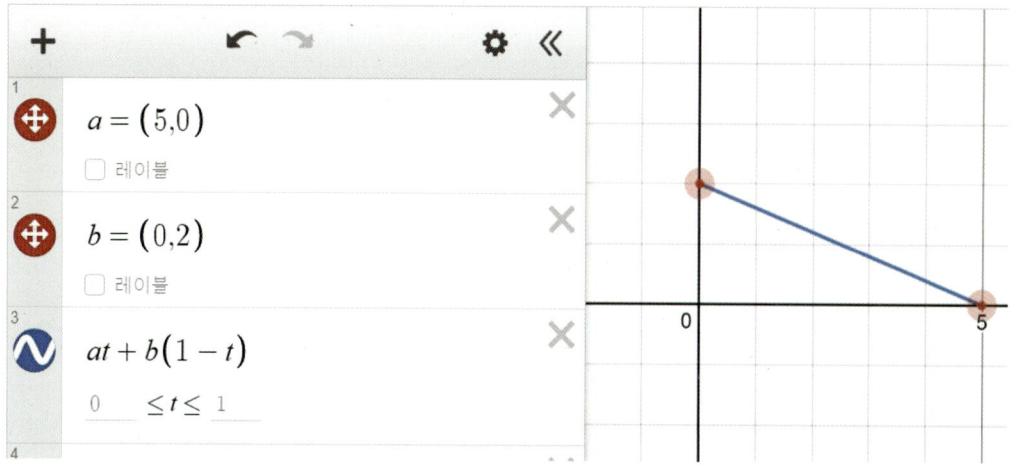

12. cellEditable (셀 입력 가능 여부)

1) 명령어의 역할

cellEditable은 표에 입력한 값의 수정 여부를 정하는 명령어이다. 수행평가와 같은 평가시 활용할 수 있다.

사용 가능 구성요소: 표

2) 활용예시 체험

QR코드의 20번 슬라이드를 열어 표 오른쪽에 원하는 숫자를 입력한 뒤, 제출하기 버튼을 눌러보자. 그러면 오른쪽 그림처럼 더 이상 수정할 수 없음을 확인할 수 있다.

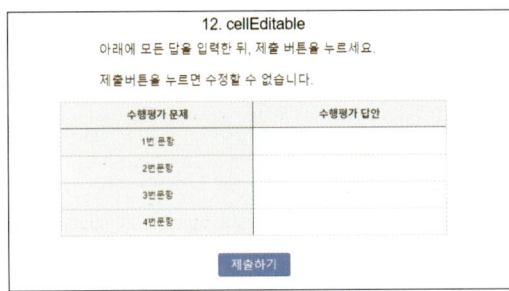

〈20번 슬라이드〉

3) 제작 방법

▸ 20번 슬라이드

① 메모, 표, 행동 버튼을 불러오고 메모의 내용, 표 내용, 버튼의 이름과 레이블을 입력한 후, 표 스크립트 편집창을 열어 명령어를 입력한다.

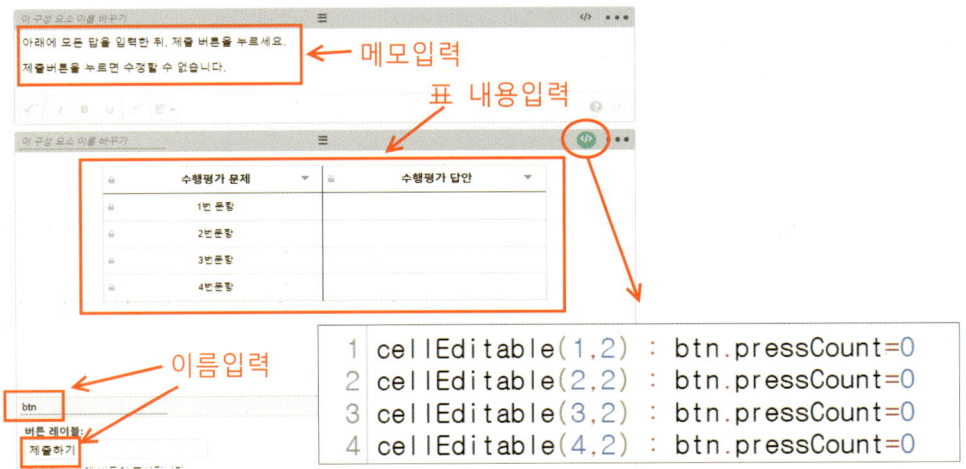

```
1  cellEditable(1,2) : btn.pressCount=0
2  cellEditable(2,2) : btn.pressCount=0
3  cellEditable(3,2) : btn.pressCount=0
4  cellEditable(4,2) : btn.pressCount=0
```

⇨ **명령어 해석**: 버튼을 누른 횟수가 0회일 때만 1행 2열의 셀 내용이 편집이 가능하다.

50 desmos 명령어 50개 익히기

13. cellErrorMessage (셀 에러 메시지)

1) 명령어의 역할
cellErrorMessage는 표에 값을 입력할 때 잘못된 값을 입력하면 에러 메시지가 나오도록 설정하는 명령어이다.
사용 가능 구성요소: 표

2) 활용예시 체험
QR코드의 21번 슬라이드를 열어 표의 양수 부분에 음수를 입력해보자. 그러면 표의 오른쪽에 에러 메시지가 나타나는 것을 확인할 수 있다.

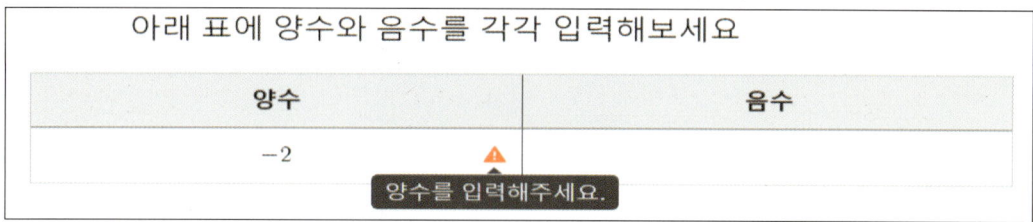

〈21번 슬라이드〉

3) 제작 방법
▶ 21번 슬라이드

① 메모, 표를 불러오고 메모와 표의 내용을 입력한 후, 표의 스크립트 편집창을 열어 명령어를 입력한다.

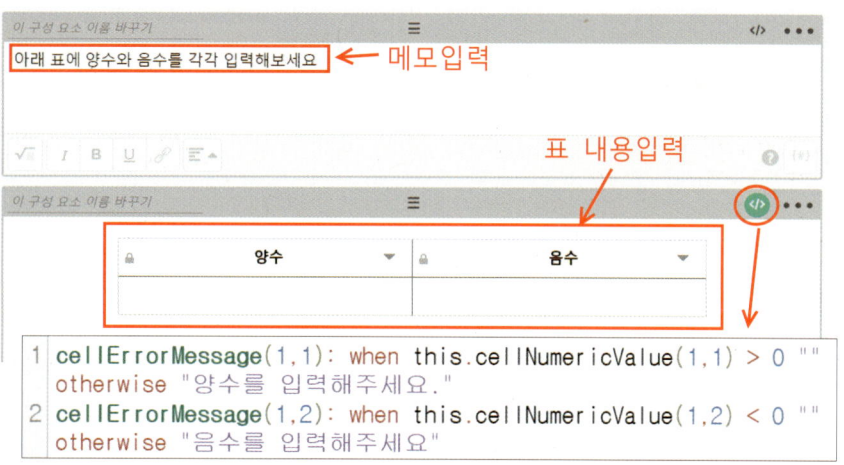

⇨ 명령어 해석

1행: 표의 1행 1열의 값이 0보다 크지 않으면 에러 메시지가 나온다.
2행: 표의 1행 2열의 값이 0보다 작지 않으면 에러 메시지가 나온다.

14. cellHasFocus (셀 입력 시 돋보이게 하기)

1) 명령어의 역할

cellHasFocus는 표의 특정한 부분에 값을 입력할 때 그래프의 특정한 레이블을 강조해줄 수 있도록 하는 명령어이다. 특정한 좌표나 레이블을 강조해주고 싶을 때 사용할 수 있다.

사용 가능 구성요소: 표

2) 활용예시 체험

QR코드의 22번 슬라이드를 열어 표의 두 번째 열의 아무 빈칸이나 선택해보자. 그러면 왼쪽 그래프 화면에 특정한 부분이 강조되는 것을 확인할 수 있다.

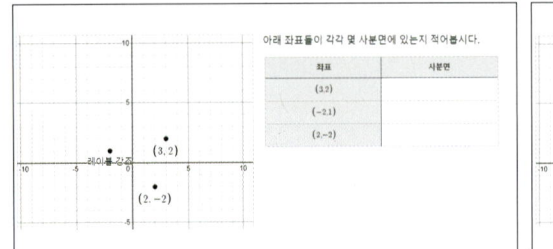 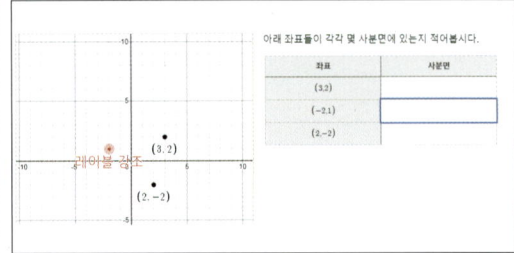

〈22번 슬라이드〉

3) 제작 방법

▶ 22번 슬라이드

① 그래프, 메모, 표를 불러오고 표의 이름, 메모와 표의 내용을 입력한다.

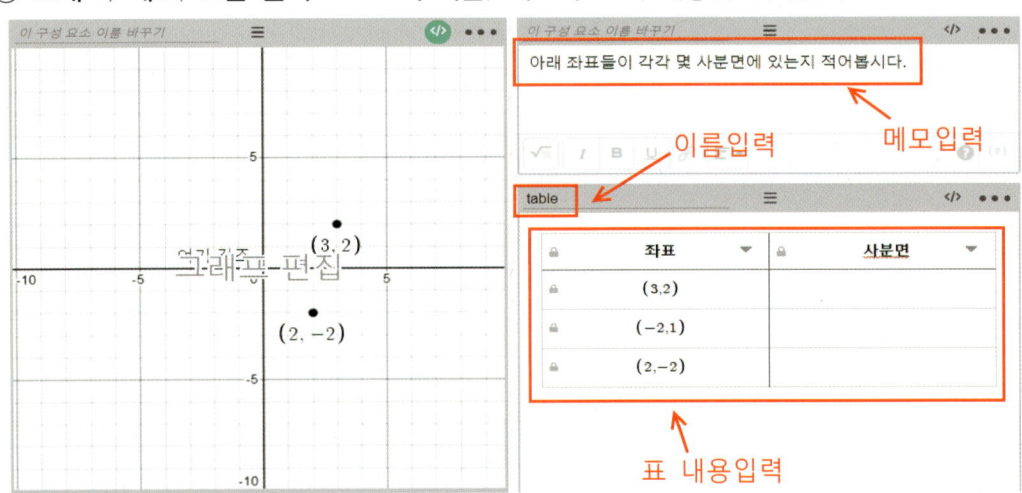

※ 표의 내용을 텍스트를 입력하고 싶은 경우에는 제목행의 ▼를 눌러 텍스트로 구성을 클릭한다.

② 그래프 편집창을 열어 수식을 입력하고, 그래프 스크립트 편집창을 열어 명령어를 입력한다.

```
1 number("F_{1focus}"): when table.cellHasFocus(1,2) 1 otherwise 0
2 number("F_{2focus}"): when table.cellHasFocus(2,2) 1 otherwise 0
3 number("F_{3focus}"): when table.cellHasFocus(3,2) 1 otherwise 0
```

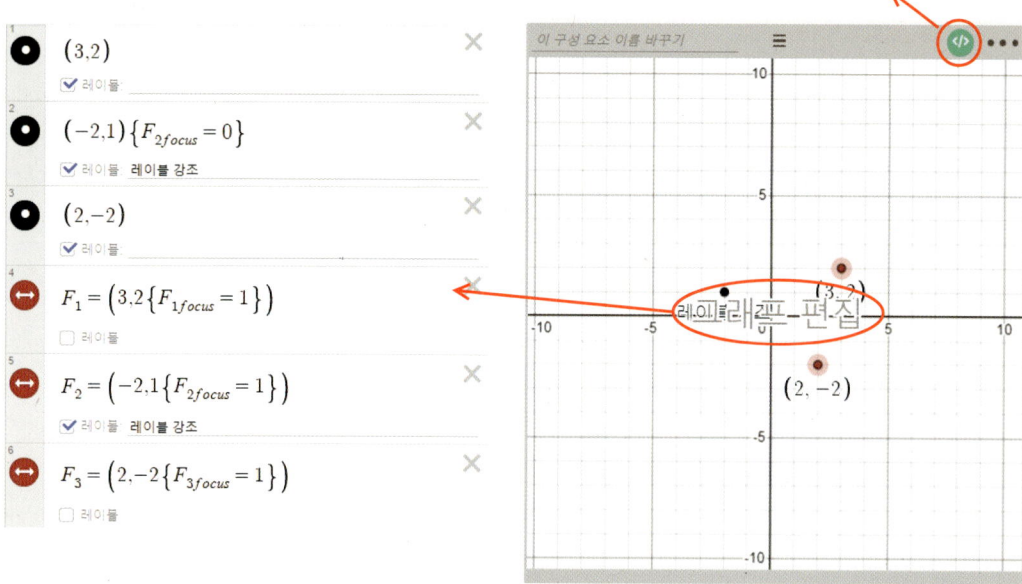

⇨ **명령어 해석**

그래프 변수 F_{2focus} 의 값은 표의 2행 2열을 선택했을 때 1이고 그 외의 상황에서는 0이다. 그래프의 점 $(-2,1)$은 표의 2행 2열이 선택되지 않았을 때는 검은색이지만 표의 2행 2열이 선택되었을 때에는 빨간색 F_2가 나타난다.

※ 수식 5행의 경우는 레이블 강조 효과를 조금 더 주기 위하여 글자 크기를 1.5로 변경함(약 2초 정도 누르고 있으면 설정창이 나타난다.)

53

15. cellNumericValue (셀 숫자 값)

1) 명령어의 역할
cellNumericValue는 표에 입력된 숫자 값을 받아와 다른 구성요소와 연결시켜 사용하고자 할 때 사용할 수 있다.
사용 가능 구성요소: 표

2) 활용예시 체험
QR코드의 23번 슬라이드를 열어 표에 x값과 y값을 각각 입력하고, 왼쪽 그래프의 변화를 관찰해보자.

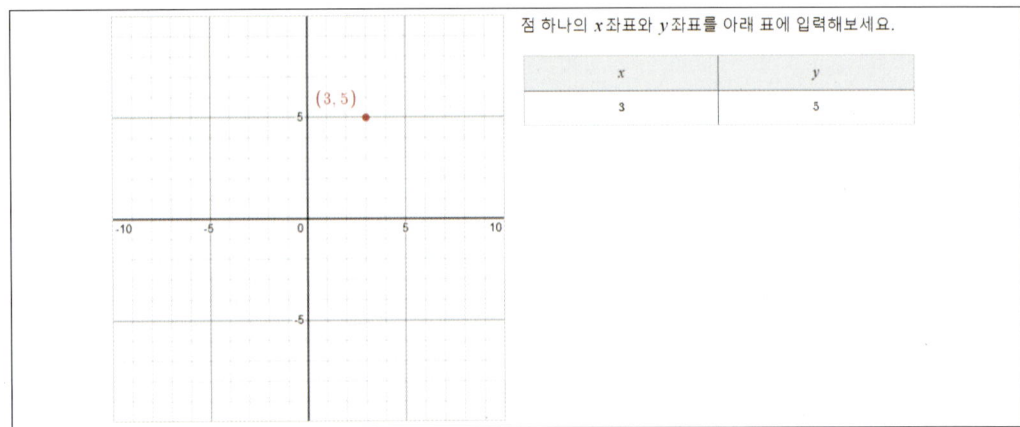

〈23번 슬라이드〉

3) 제작 방법
▶ 23번 슬라이드

① 그래프, 메모, 표를 가져와 그래프 편집창을 열어 수식을 입력한 후, 그래프 스크립트 편집창을 열어 명령어를 입력한다.

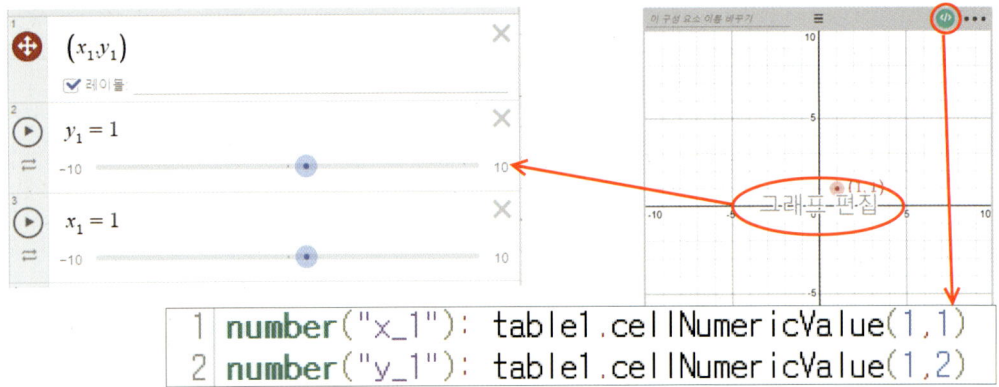

▷ **명령어 해석**

　1행: 표의 1행 1열의 숫자 값을 그래프의 x_1 값으로 사용한다.

　2행: 표의 1행 2열의 숫자 값을 그래프의 y_1 값으로 사용한다.

② 메모와 표의 내용과 표의 이름을 입력한다.

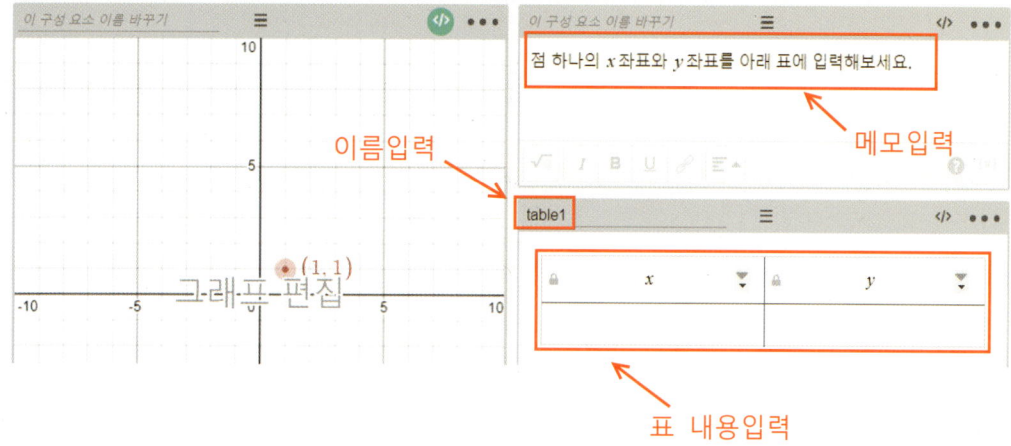

16. cellSuffix (셀 접미사)

1) 명령어의 역할
cellSuffix는 표에 값을 입력할 때 값의 단위를 붙여주는 명령어이다.
사용 가능 구성요소: 표

2) 활용예시 체험
QR코드의 24번 슬라이드를 열어 표에 값을 입력해보면 자동으로 단위가 뜨는 것을 확인할 수 있다.

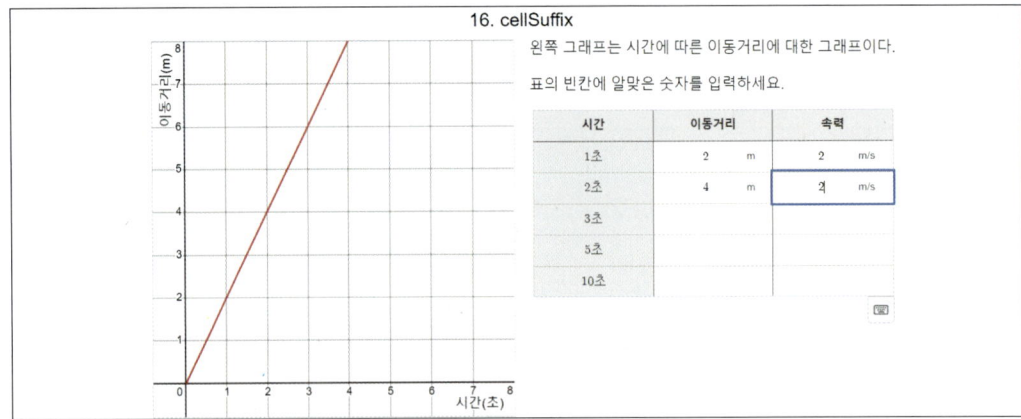
〈24번 슬라이드〉

3) 제작 방법
▸ 24번 슬라이드
① 그래프, 메모, 표를 불러오고 메모의 문구와 표의 내용을 입력한 후, 표의 스크립트 편집창을 열어 명령어를 입력한다.

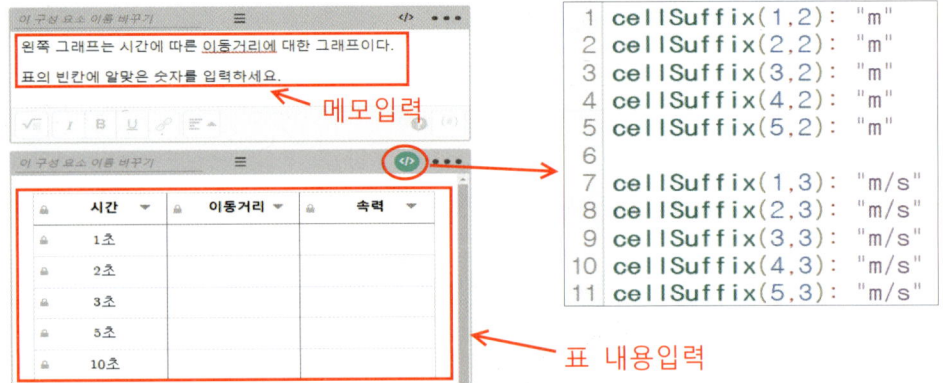

```
1  cellSuffix(1,2): "m"
2  cellSuffix(2,2): "m"
3  cellSuffix(3,2): "m"
4  cellSuffix(4,2): "m"
5  cellSuffix(5,2): "m"
6
7  cellSuffix(1,3): "m/s"
8  cellSuffix(2,3): "m/s"
9  cellSuffix(3,3): "m/s"
10 cellSuffix(4,3): "m/s"
11 cellSuffix(5,3): "m/s"
```

⇨ 명령어 해석: 표의 2열에는 'm', 3열에는 'm/s'의 단위가 나타나게 한다.

② 그래프 편집창을 열어 수식을 입력하고, 그래프 설정에서 눈금과 축 간격, 제목을 수정한다.

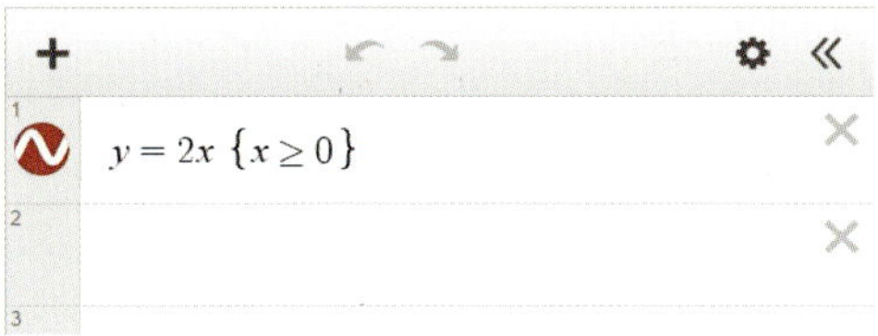

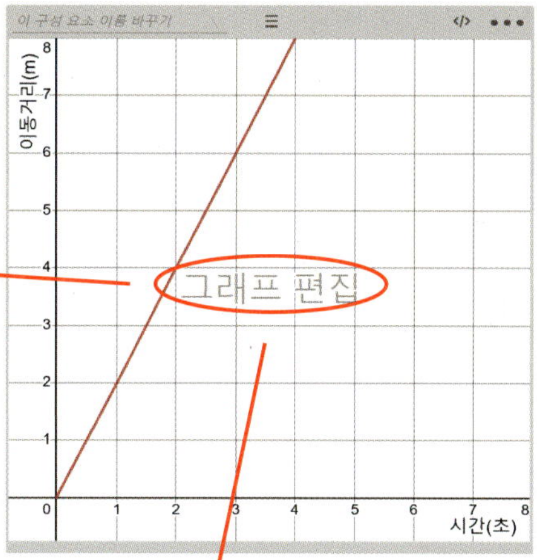

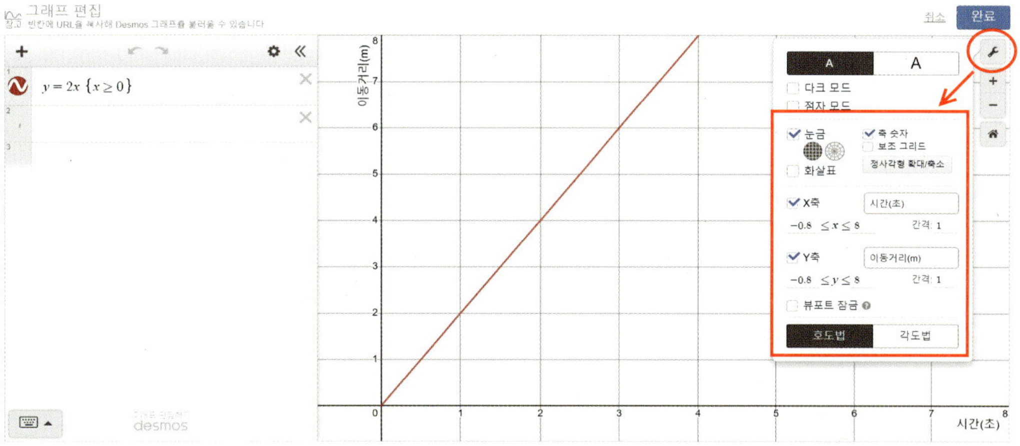

17. choiceContent (객관식 내용 설정하기)

1) 명령어의 역할

choiceContent는 객관식 선택지에 입력할 내용을 스크립트 편집창에서 입력하거나 학생이 입력한 내용을 선택지로 입력하는 등 변수의 내용을 선택지의 내용으로 받아 입력할 때 사용하는 명령어이다.

사용 가능 구성요소: 표

2) 활용예시 체험

QR코드의 25번 슬라이드 미리보기 화면과 편집 화면의 객관식 보기를 비교해보자. 객관식 보기 내용이 편집화면에 입력된 내용과 다르게 보이는 것을 확인할 수 있다.

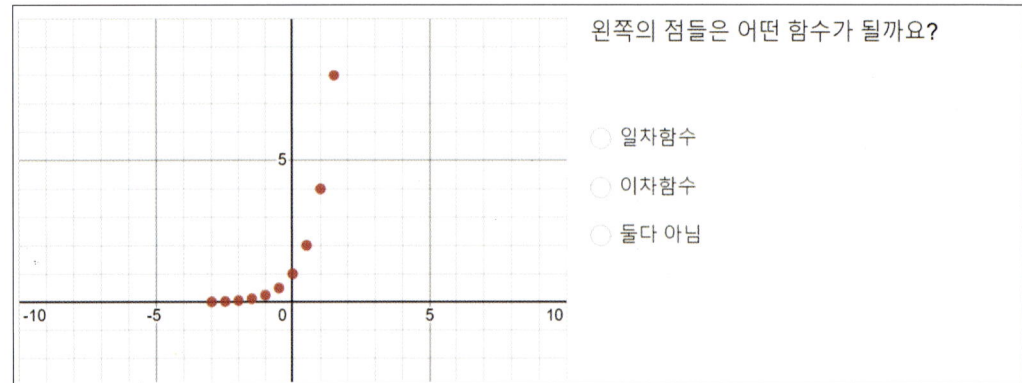

〈25번 슬라이드 미리보기 화면〉

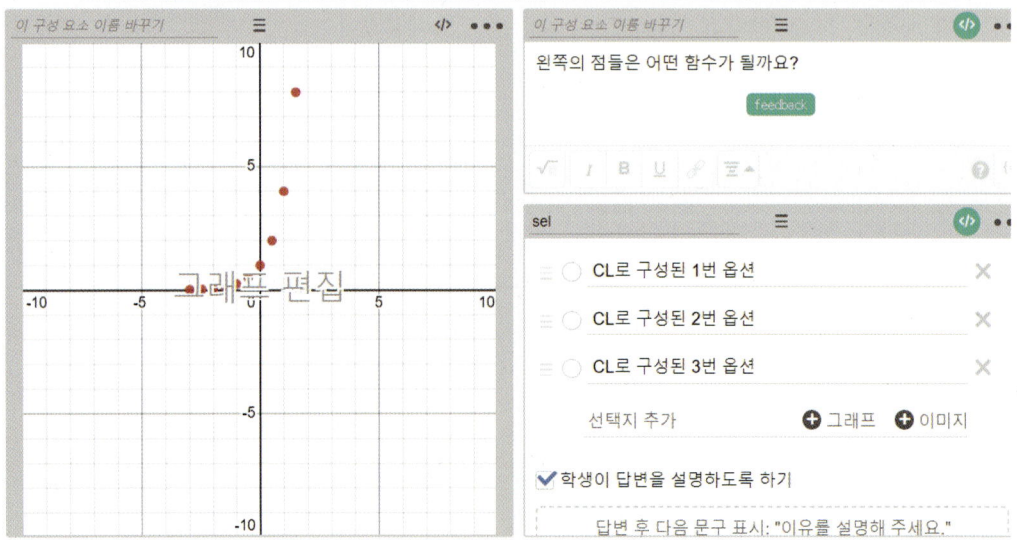

〈25번 슬라이드 편집 화면〉

58   desmos 명령어 50개 익히기

choiceContent를 사용하여 스크립트 편집창에서 객관식 보기를 설정하는 방법을 알아보자.

3) 제작 방법
▶ 25번 슬라이드

① 그래프, 메모, 객관식 문제를 불러오고 객관식 문제의 이름을 입력한 후 객관식 문제의 스크립트 편집창을 열어 명령어를 입력한다.

⇨ 명령어 해석

   1행: 1번을 선택하면 "일차함수"
   2행: 2번을 선택하면 "이차함수"
   3행: 3번을 선택하면 "둘다 아님"로 나타난다.

② 메모의 문구와 메모 스크립트 편집창을 열어 명령어를 입력한다.

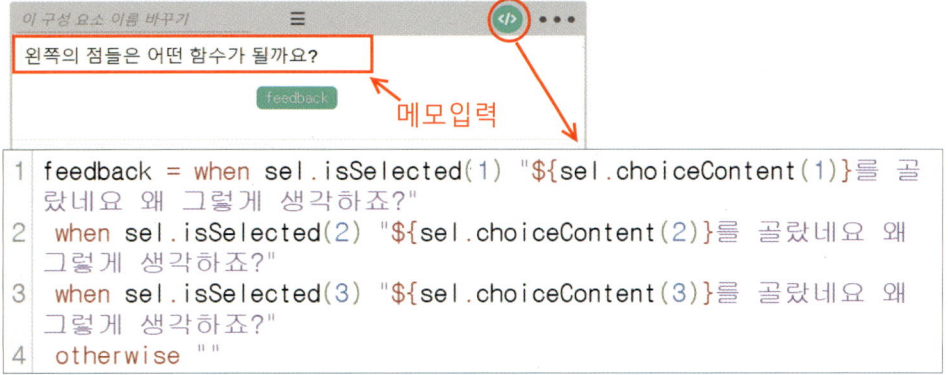

⇨ 명령어 해석

   객관식 문제 sel의 1,2,3번이 각각 선택될 경우, sel의 1,2,3번 내용을 포함한 내용을 피드백으로 제시한다.

③ 메모의 문구에 오른쪽 아래 {#}을 눌러 feedback을 선택한다.

④ 그래프 편집창을 열어 수식을 입력한다.

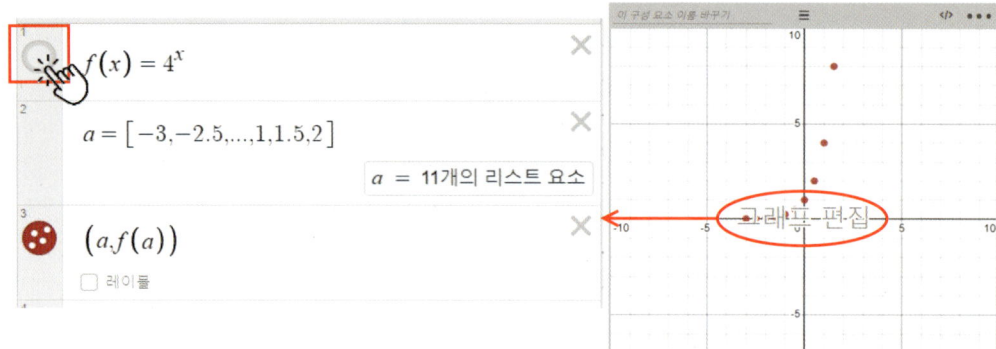

▷ **수식 해석**

1행: $f(x) = 4^x$를 미리 만들어두고 왼쪽을 클릭하여 그래프가 나타나지 않도록 한다.

2행: 점을 표시할 x값들을 리스트로 만들어 둔다. 등차수열일 경우 "..."을 이용하여 쉽게 리스트를 만들 수 있다.

3행: $(a, f(a))$를 그래프에 나타나도록 한다. 이때 a값은 2행의 리스트의 값들이다.

18. clearOnReset (답안 지우기)

1) 명령어의 역할

clearOnReset은 수식입력란에 입력된 내용을 수정할 때 이전에 입력된 내용을 한번에 초기화하는 역할을 한다.

사용 가능 구성요소: 수식입력란

2) 활용예시 체험

QR코드의 1번 슬라이드를 열어 수식입력란에 답을 적고 제출 버튼을 눌러보자. 답을 수정하기 위해 수식입력란을 클릭하면 처음에 입력한 내용은 사라진다.

〈1번 슬라이드〉

3) 제작 방법

▶ 1번 슬라이드

① 메모와 수식입력란을 불러오고 메모의 내용을 입력한다.

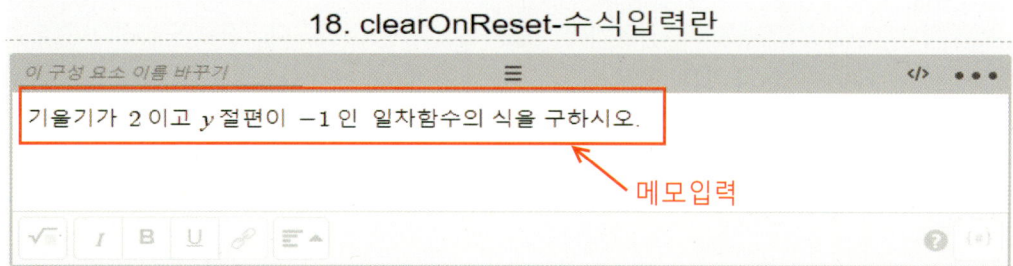

② 수식입력란 스크립트 편집창을 열고 명령어를 입력한다.

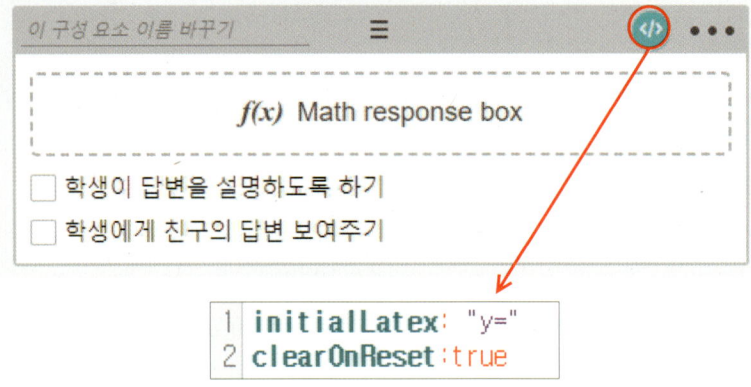

⇨ **명령어 해석**

1행: 기본적으로 "$y=$"라는 내용이 나타나게 한다.
2행: 수정하기 위해 클릭하면 문자식이 한 번에 지워진다.

19. columnNumericValues (표의 열 숫자 모음)

1) 명령어의 역할

columnNumericValues는 표의 열에 입력한 숫자리스트를 의미한다.
사용 가능 구성요소: 표

2) 활용예시 체험

QR코드의 2번 슬라이드를 열어 표에 숫자를 입력해보자. 엔터를 쳐 행을 늘려 숫자를 몇 개 더 입력해보자. 그러면 입력한 숫자를 좌표로 하는 점이 그래프 화면에 누적하여 찍히는 것을 확인할 수 있다.

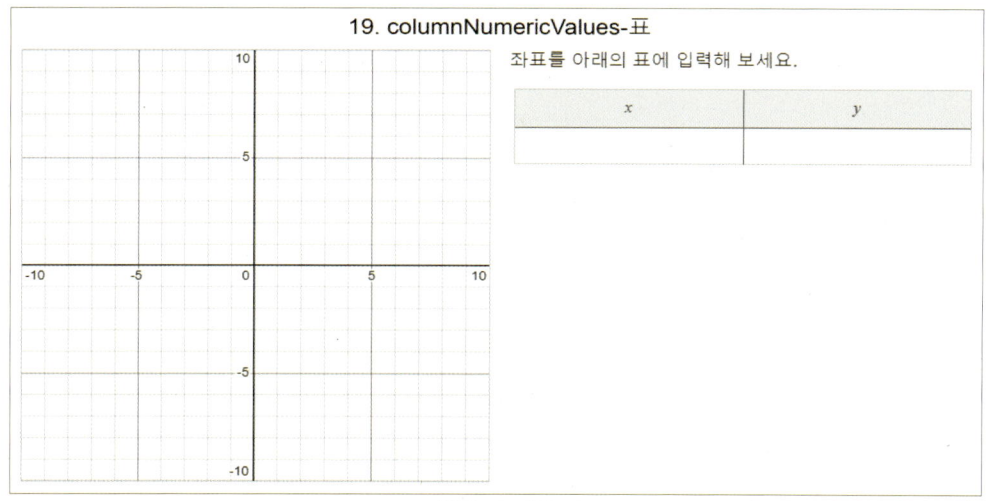

〈2번 슬라이드〉

3) 제작 방법

▶ 2번 슬라이드

① 그래프, 메모, 표를 불러오고 메모의 내용과 표의 이름을 입력한다.

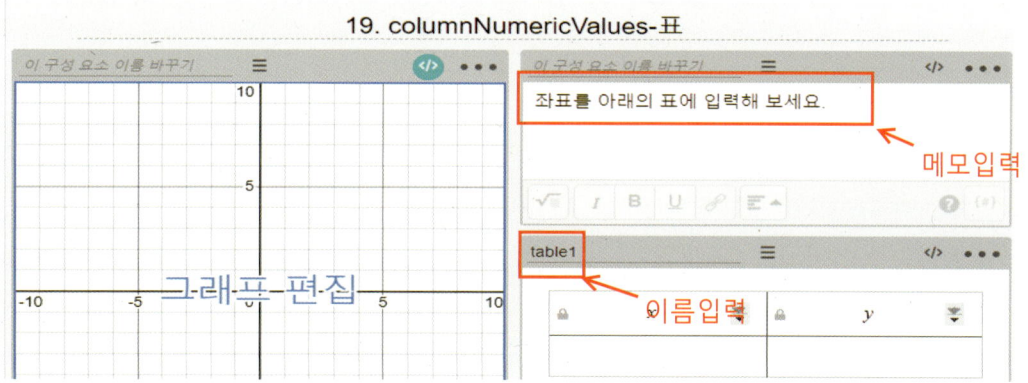

② 그래프 편집창을 열어 수식을 입력하고 그래프 스크립트 편집창을 열어 명령어를 입력한다.

⇨ 명령어 해석

1행: 그래프의 리스트 X를 table1의 1열에 입력된 숫자값으로 둔다.
2행: 그래프의 리스트 Y를 table1의 2열에 입력된 숫자값으로 둔다.

20. content (메모)

1) 명령어의 역할

content는 스크립트 편집창에서 작성한 메모의 내용을 보이게 한다. 물론 메모에 직접 문구를 적어도 되지만 메모에 적지 않고 스크립트에 content 명령어를 사용하여 메모를 입력할 수도 있다.

사용 가능 구성요소: 메모

2) 활용예시 체험

QR코드의 3번 슬라이드는 괄호에 답을 적어 문장을 완성하는 문제이다. 아래에 답을 적으면 메모의 괄호에 답이 입력되면서 문장이 완성된다.

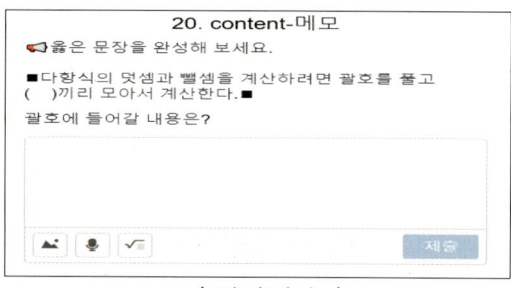

〈3번 슬라이드〉

3) 제작 방법

▶ 3번 슬라이드

① 메모 두 개, 텍스트 입력란을 불러오고 각각의 이름과 메모의 내용을 입력한다.

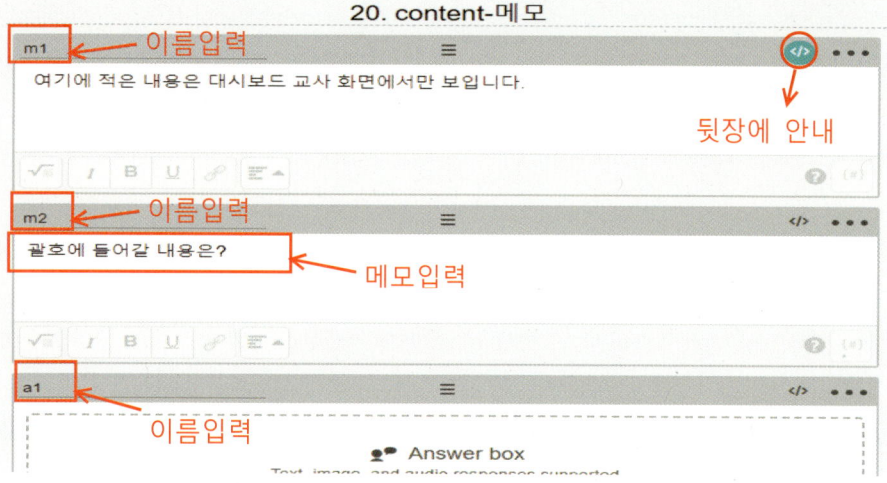

② 메모1(m1) 스크립트 편집창을 열고 명령어를 입력한다.

```
1  content:"📢옳은 문장을 완성해 보세요.
2
3  ■다항식의 덧셈과 뺄셈을 계산하려면 괄호를 풀고
4  (  ${a1.content}  )끼리 모아서 계산한다.■"
```

⇨ **명령어 해석**

   1~4행: "옳은 문장을 완성해 보세요. ~" 안의 내용이 메모에 나타나도록 한다.
   4행: a1에 입력한 내용이 괄호안에 나타나도록 한다.

21. correct (정답 확인)

1) 명령어의 역할

correct는 학생이 답을 입력하면 교사 대시보드에서 정답일 경우 ✓ , 정답이 아닌 경우 ✗ 가 표시가 나타나도록 하는 명령어이다.

사용 가능 구성요소: 그래프, 객관식/체크박스, 그림판, 수식입력란, 정렬리스트, 표

2) 활용예시 체험

QR코드의 4번, 5번 슬라이드의 미리보기 화면에서 답을 입력해보자. 정답을 입력하면 왼쪽 위에 ✓ 가 나타난다. 이 표시는 학생은 볼 수 없고 교사만 대시보드에서 확인할 수 있다.

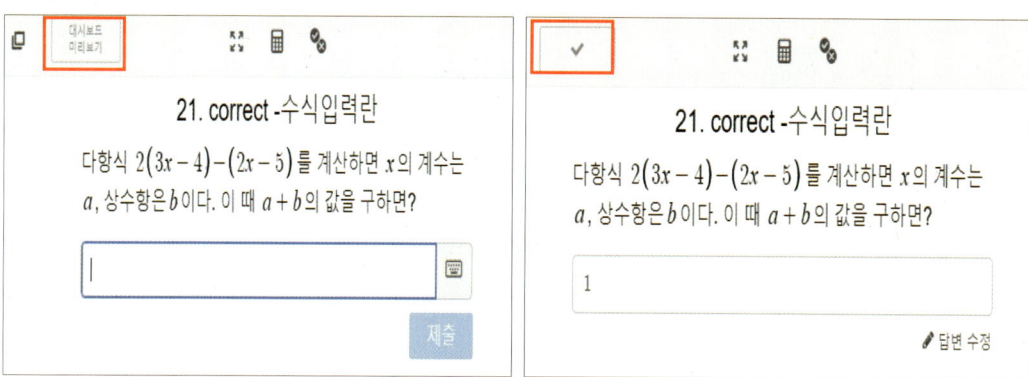

〈4번 슬라이드〉

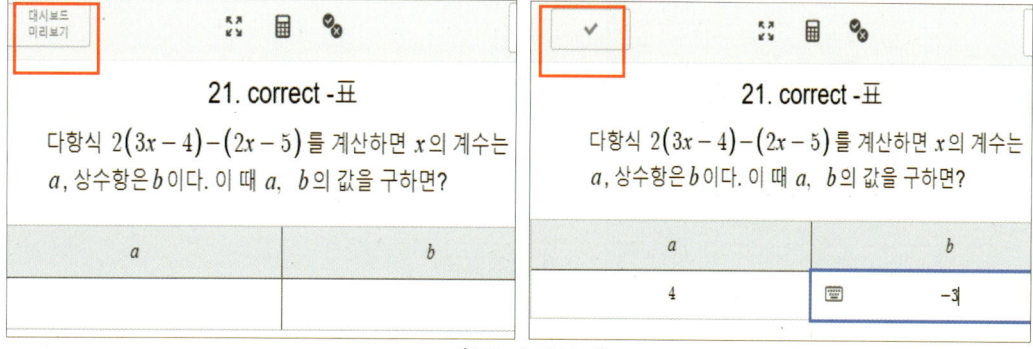

〈5번 슬라이드〉

또한 6번 슬라이드에서도 주어진 문제의 답을 구하기 위해 그래프 화면의 움직일 수 있는 점을 드래그하면 정답 여부를 대시보드에 나타나게 할 수 있다.

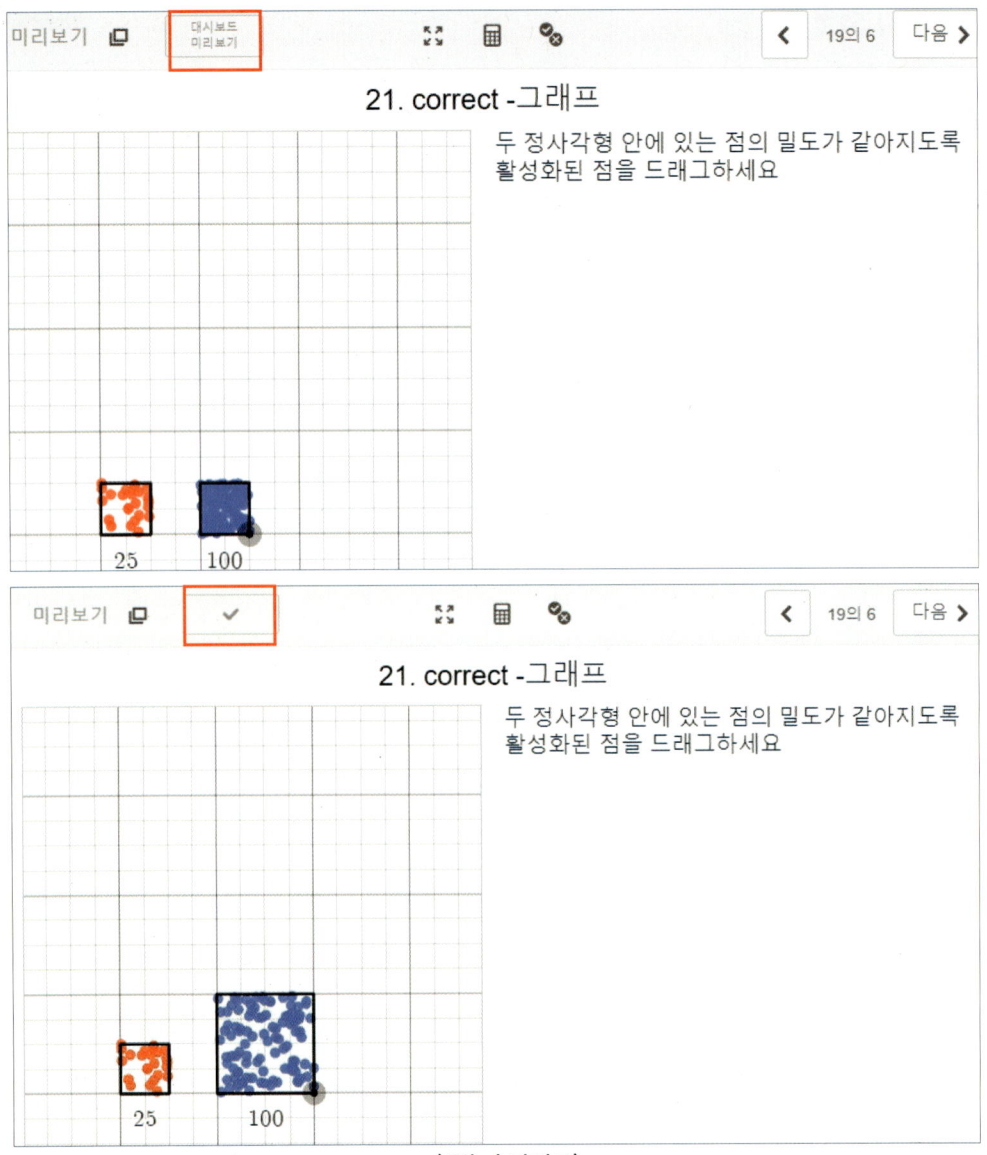

⟨6번 슬라이드⟩

3) 제작 방법

▶ 4번 슬라이드

① 메모, 수식입력란을 불러오고 수식입력란의 이름과 메모의 내용을 입력한다.

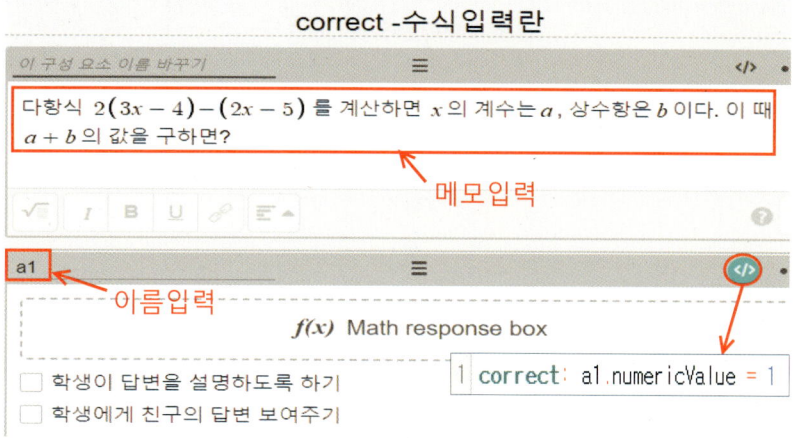

② 수식입력란 스크립트 편집창을 열고 명령어를 입력한다.

⇨ 명령어 해석

　　a1의 숫자값이 1일 때 정답이다.

▶ 5번 슬라이드

① 메모, 표를 불러오고 표의 이름과 메모의 내용을 입력한다.
② 표 스크립트 편집창을 열고 명령어를 입력한다.

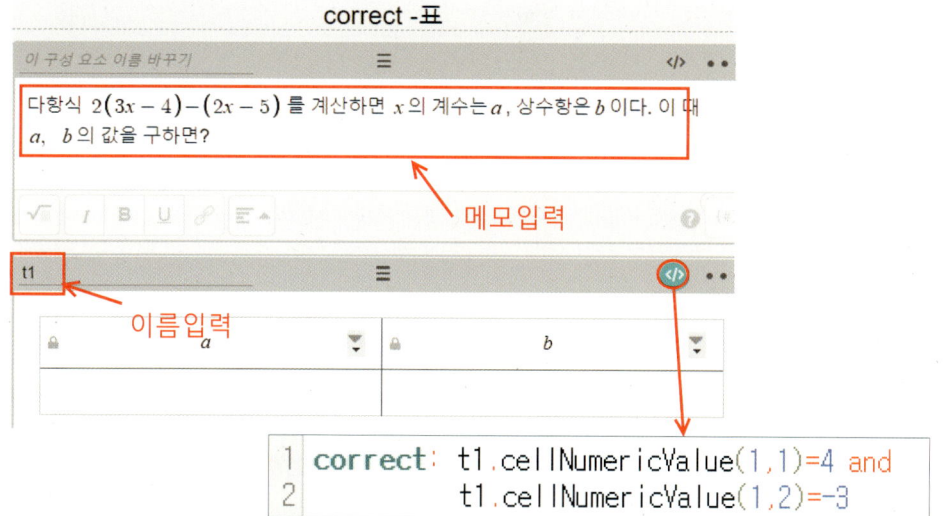

⇨ 명령어 해석: 표 t1의 1행 1열 숫자값이 4이고 1행 2열 숫자값이 -3일 때 정답이다.

▶ 6번 슬라이드

① 그래프, 메모를 불러오고 메모의 내용을 작성한 후 그래프의 스크립트 편집창을 열어 명령어를 입력한다.

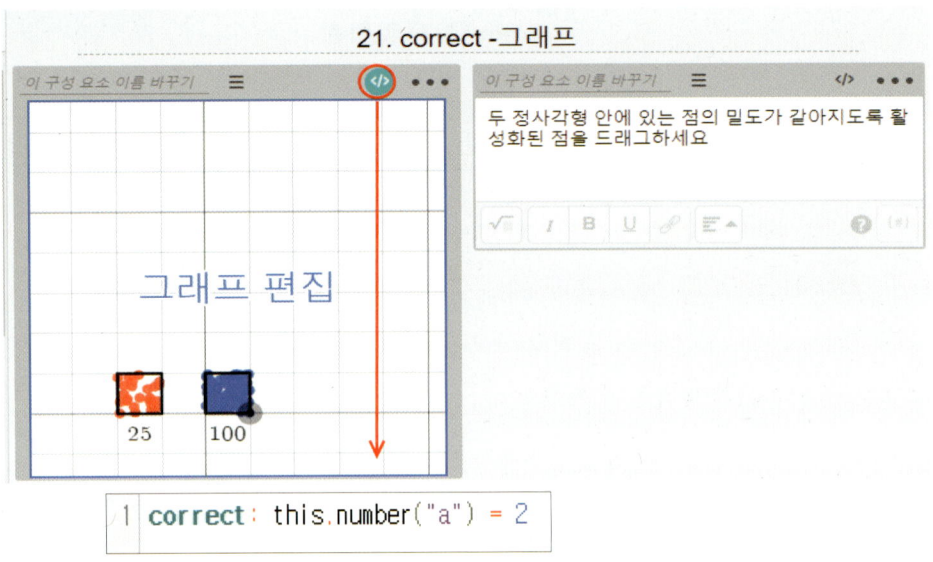

⇨ **명령어 해석**: 그래프의 a의 숫자가 2일 때 정답이다.

② 그래프 편집창을 열어 그래프의 수식을 입력한다.

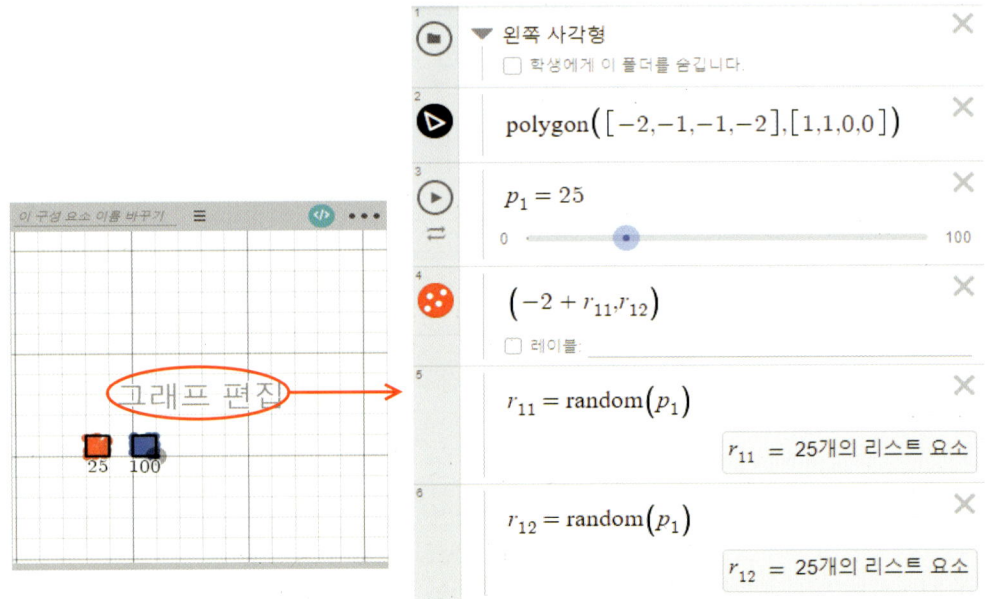

이 그래프는 25개의 점이 들어있는 정사각형과 100개의 점이 들어있는 정사각형의 밀도가 같아지는 닮음비를 찾는 미션을 수행할 수 있도록 설계한 것이다.

70   desmos 명령어 50개 익히기

▷ **수식 해석**

1행: 왼쪽 사각형 제작에 필요한 수식에 관한 폴더(많은 수식이 있는 경우 폴더를 이용하여 정리하면 편리하다.)

2행: 꼭지점의 좌표가 $(-2,1), (-1,1), (-1,0), (-2,0)$인 사각형을 나타낸다.

※ x, y좌표를 각각 모아 $[-2,-1,-1,-2]$, $[1,1,0,0]$리스트로 표현함

3행: p_1으로 랜덤값 r_{11}, r_{12}의 개수를 조절할 수 있다. 예를 들어 $p_1 = 25$이면 사각형 안에 찍히는 랜덤한 점의 개수가 25개가 된다.

4행: $(-2+r_{11}, r_{12})$위치에 점이 찍히게 한다. 점의 설정은 2초간 ●을 클릭하거나 ⚙를 누른 후 아래와 같이 설정한다.

5행: p_1개의 랜덤값을 생성하여 r_{11}(리스트)에 저장한다.

6행: p_1개의 랜덤값을 생성하여 r_{12}(리스트)에 저장한다.

※ r_{11}, r_{12}의 값으로 다른 랜덤값을 얻고 싶다면 각각의 변수에 대해 random함수를 설정해야 한다.

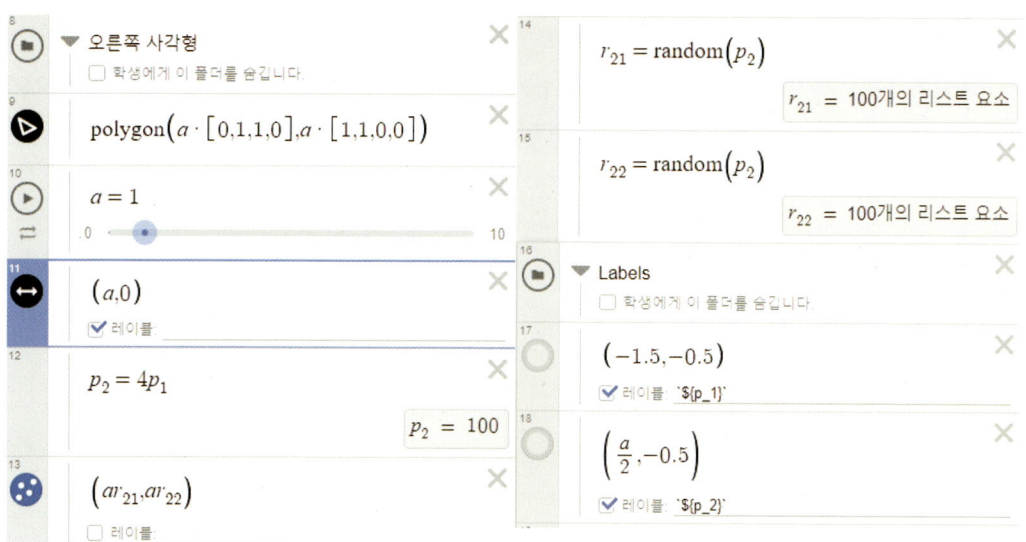

8행: 오른쪽 사각형의 수식에 관한 폴더

9행: 꼭짓점의 좌표가 $(0,a), (a,a), (a,0), (0,0)$인 사각형을 나타낸다.

※ x, y좌표를 각각 모으면 $[0, a, a, 0], [a, a, 0, 0]$ 이다.
리스트값에 모두 a를 곱하여 $a \cdot [0, 1, 1, 0], a \cdot [1, 1, 0, 0]$으로 쓸 수 있다.

10행: a는 왼쪽과 오른쪽 정사각형의 닮음비를 결정하는 변수이다.

11행: $(a, 0)$은 그래프화면에서 오른쪽 정사각형의 크기를 조절할 수 있도록 만든 동점이다. x축 방향으로만 드래그 가능하도록 설정하였다.

12행: p_2는 p_1을 네 배 한 값과 같도록 설정하였다.

13행: 오른쪽 정사각형에 들어갈 점의 좌표이다. p_2개의 점들이 가로 세로가 a인 정사각형 안에 들어 있도록 설정한 표현이다.

14행: p_2개의 랜덤한 값을 r_{21}(리스트)에 저장한다.

15행: p_2개의 랜덤한 값을 r_{22}(리스트)에 저장한다.

16행: 레이블 입력에 필요한 수식에 관한 폴더

17행: 왼쪽 사각형안에 들어있는 점의 개수를 $(-1.5, -0.5)$ 위치에 '${p\_1}$'을 적어 레이블로 p_1의 값이 나타나게 한다.

18행: 오른쪽 사각형 안에 들어있는 점의 개수를 $(\frac{a}{2}, -0.5)$ 위치에 '${p\_2}$'를 적어 레이블로 p_2의 값이 나타나게 한다.

22. coverText (커버 슬라이드)

1) 명령어의 역할
coverText는 본 슬라이드 제시 전에 전달사항을 적을 수 있는 커버 슬라이드를 만드는 명령어이다. OK버튼이 자동으로 설정되며 OK를 누르면 원래 슬라이드가 나온다.
사용 가능 구성요소: 스크린

2) 활용예시 체험
QR코드의 7번 슬라이드를 열어 OK버튼을 눌러보자. 숨어있던 화면이 갑자기 나타나는 것을 확인할 수 있다.

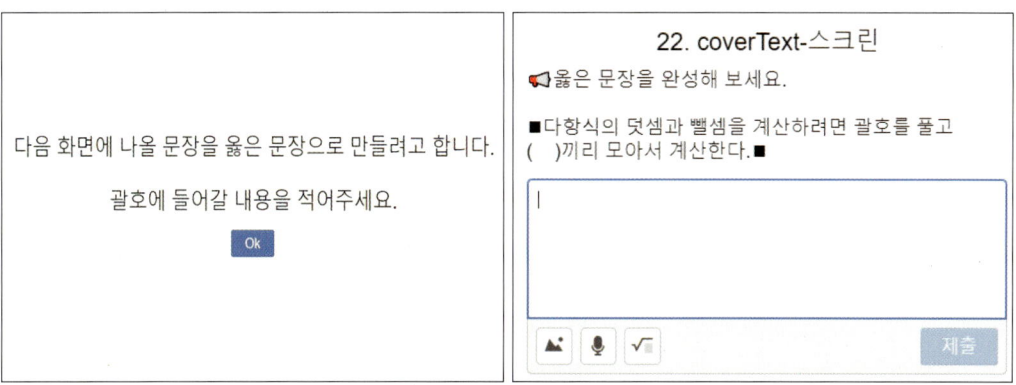

〈7번 슬라이드〉

3) 제작 방법
▶ 7번 슬라이드 (3번 슬라이드 복사 이용 가능)

① 메모와 텍스트 입력란을 불러오고 이름과 메모의 내용을 입력한다.

※ 슬라이드 복사 방법: 3번 슬라이드 클릭 후 Ctrl+C → ➕ → Ctrl+V

※ 구성요소 삭제 방법:

② 스크린 스크립트 편집을 열고 명령어를 입력한다.

⇨ 명령어 해석

1행: "~~"이라는 내용으로 커버 슬라이드를 만든다.

23. coverButtonLabel (커버 슬라이드 버튼)

1) 명령어의 역할
coverButtonLabel은 커버슬라이드 버튼의 이름을 넣는 명령어이다. coverText 명령어를 쓰면 OK버튼이 자동으로 설정되나 OK버튼 대신 넣고 싶은 이름이 있을 때 사용한다.
사용 가능 구성요소: 스크린

2) 활용예시 체험

〈8번 슬라이드〉

3) 제작 방법
▶ 8번 슬라이드

① **7번** 슬라이드를 복사하고 스크린 스크립트 편집창에 명령어를 입력한다.

⇨ **명령어 해석**

　1행: "~~"이라는 내용으로 커버 슬라이드를 만든다.
　5행: 커버 슬라이드의 "도전" 버튼을 만든다.

24. currentStroke (스케치 상황 표현)

1) 명령어의 역할
currentStroke는 현재 그림판에 그려지는 상황을 나타내는 명령어이다. 그림판에 그려진 점의 개수, 그려진 선의 길이, 텍스트의 수 등 다양한 조건과 연결하여 할 수 있다.
사용 가능 구성요소: 그림판

2) 활용예시 체험
QR코드의 9번 슬라이드를 열어 그림판에 그림을 그려보자. 마우스로 드래그 중일 때와 그렇지 않을때 메모에 나타나는 내용이 다르다.

〈9번 슬라이드〉

currentStroke으로 그림판에 그림을 그리는 중인 상태를 어떻게 인식시킬 수 있는지 알아보자.

3) 제작 방법
▶ 9번 슬라이드

① 그림판, 메모를 불러오고 그림판의 이름을 입력한다.

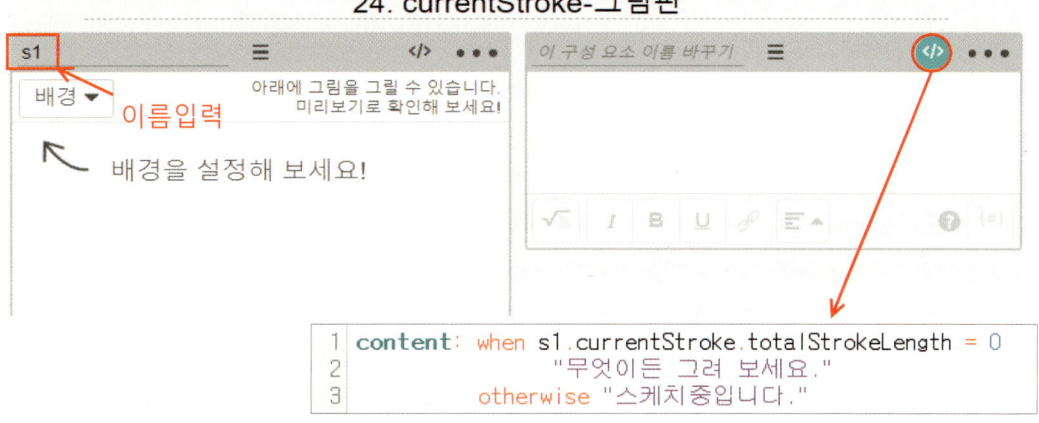

② 메모의 스크립트 편집창을 열고 명령어를 입력한다.

⇨ 명령어 해석
1행: 그림판 s1의 스케치의 길이가 0일 때
2행: "무엇이든 그려보세요"라는 내용이 보이게 한다.
3행: 그 외에는 "스케치 중입니다." 내용이 보이게 한다.

25. currentX   26. currentY(그림판 마우스의 위치 표시)

1) 명령어의 역할
currentX, currentY는 그림판에서 체험자가 그림을 그릴 때 마우스가 지나가는 위치를 좌표로 알려주는 명령어이다.
사용 가능 구성요소: 그림판

2) 활용예시 체험
QR코드의 10번 슬라이드를 열어 그림을 그려보자. 그러면 마우스가 지나가는 위치의 좌표가 메모에 나타낸다.

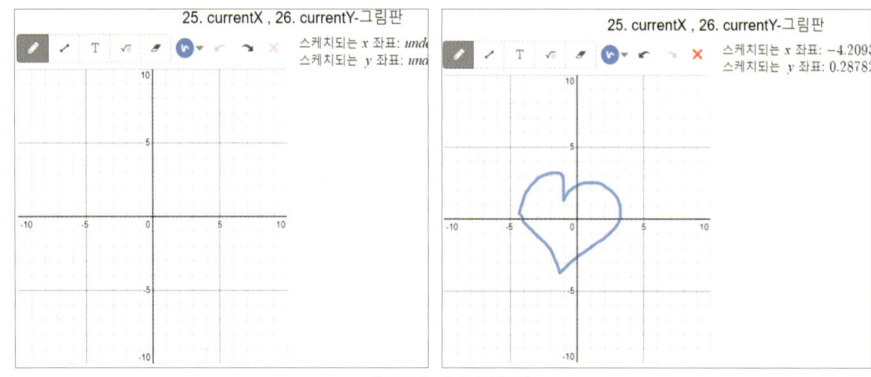

〈10번 슬라이드〉

3) 제작 방법
▶ 10번 슬라이드

그림판, 메모를 불러오고 그림판의 배경을 그래프로 한 뒤, 이름을 적고 메모 스크립트 편집창에 명령어를 입력한다.

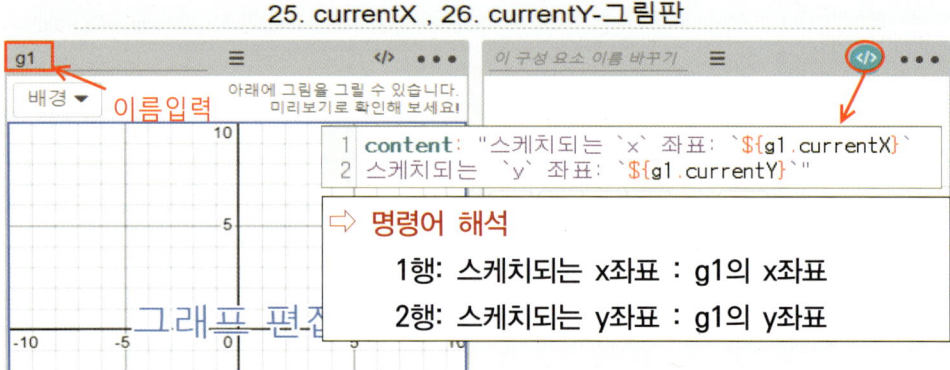

27. disableEvaluation (계산 비활성화)

1) 명령어의 역할

disableEvaluation은 학생이 수식입력란에 수식을 넣으면 자동으로 계산하는 기능을 비활성화한다. 계산을 학습하는 수업에서 학생들이 자동 계산을 이용하는 것을 방지해준다. 단, 스마트폰 화면에서는 상단의 계산기가 보이지 않는다.

사용 가능 구성요소: 수식입력란

2) 활용예시 체험

QR코드의 11번 슬라이드를 열어 수식입력란에 답을 적어보자. disableEvaluation 명령어를 입력했기 때문에 자동으로 계산하는 기능이 실행되지 않는다.

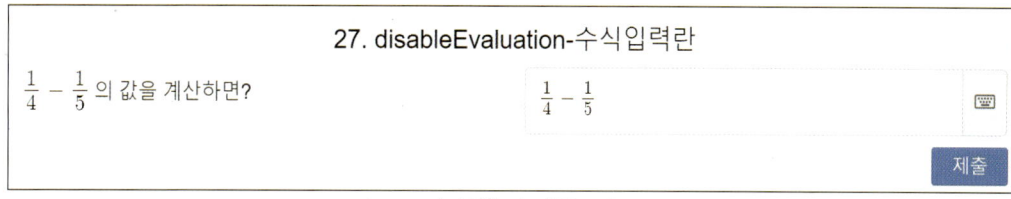

〈 11번 슬라이드 〉

〈 disableEvaluation 명령어를 사용하지 않은 경우 〉

3) 제작 방법

▶ 11번 슬라이드

① 메모판, 수식입력란을 불러오고 메모를 입력한다.

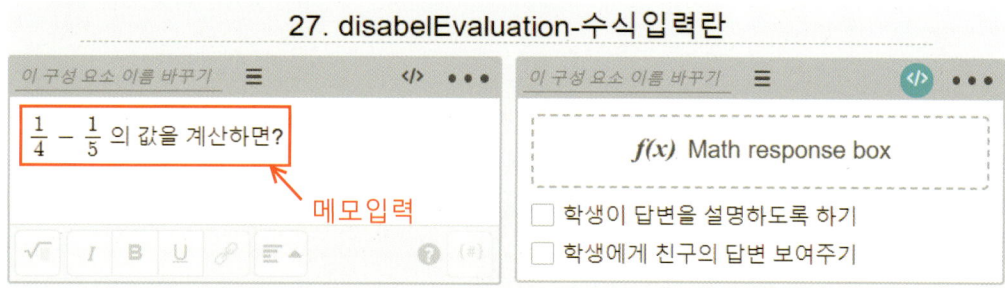

② 수식입력란의 스크립트 편집창을 열고 명령어를 입력한다.

```
disableEvaluation: true
correct: this.latex=`\frac{1}{20}` or this.latex=`0.05`
```

⇨ **명령어 해석**

1행: 수식을 자동으로 계산하는 기능을 비활성화 한다.

2행: 이 수식 문구는 $\frac{1}{20}$ 또는 이 수식 문구는 0.05를 정답으로 한다.

28. disableCalculatorReason (계산기 아이콘 비활성화)

1) 명령어의 역할

disableCalculatorReason은 계산기 아이콘을 비활성화 시키는 명령어이다.

※ 처음 학생 화면에 계산기 기능 활성화하는 방법

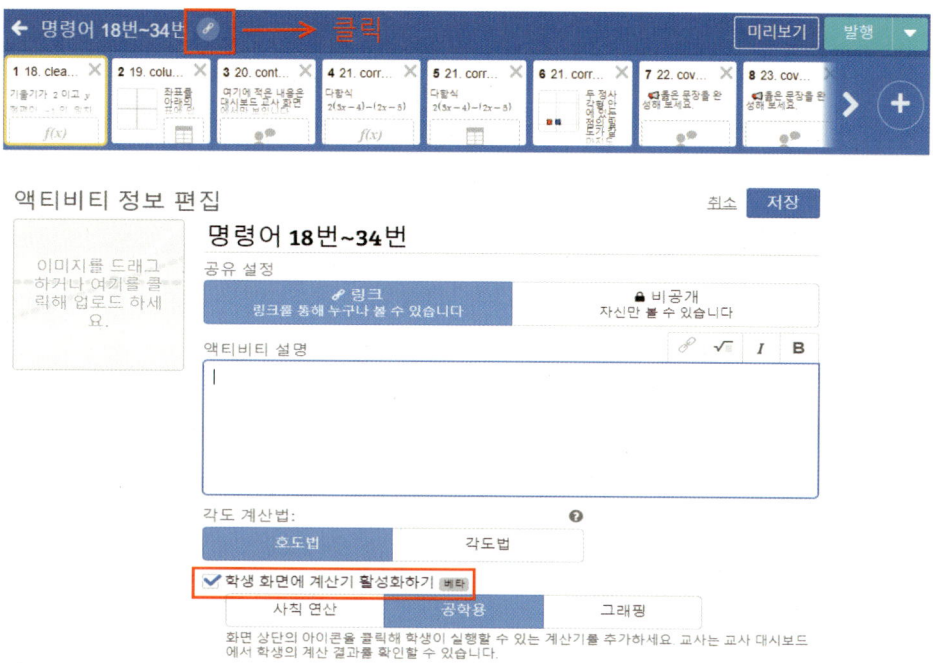

사용 가능 구성요소: 스크린

2) 활용예시 체험

QR코드의 12번 슬라이드를 열어 화면 중앙 상단의 계산기에 마우스를 가까이 가져가 보자.
계산기를 선택할 수 없고 선택할 수 없는 이유에 대한 문장이 나타난다.

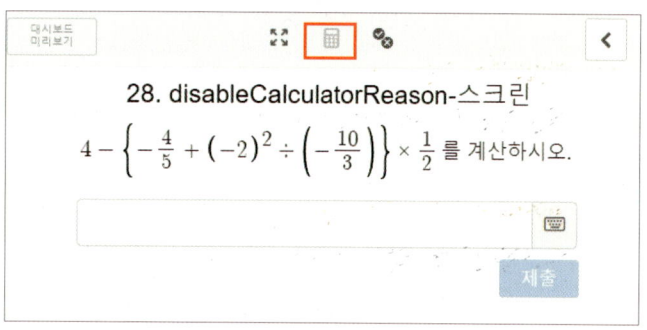

〈 12번 슬라이드 〉

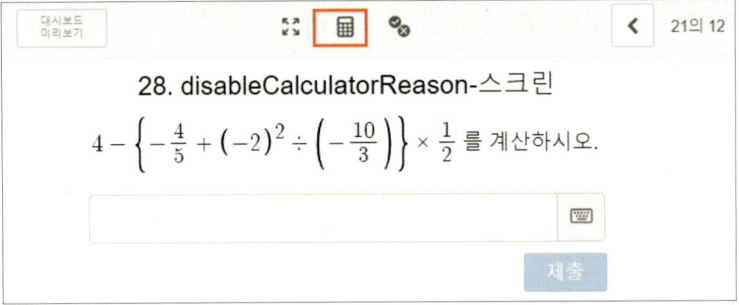

〈 disableCalculatorReason 사용하지 않은 경우 〉

3) 제작 방법

▶ 12번 슬라이드

① 메모, 수식입력란을 불러오고 메모 내용을 입력한 후 스크린과 수식입력란 스크립트 편집창에 명령어를 입력한다.

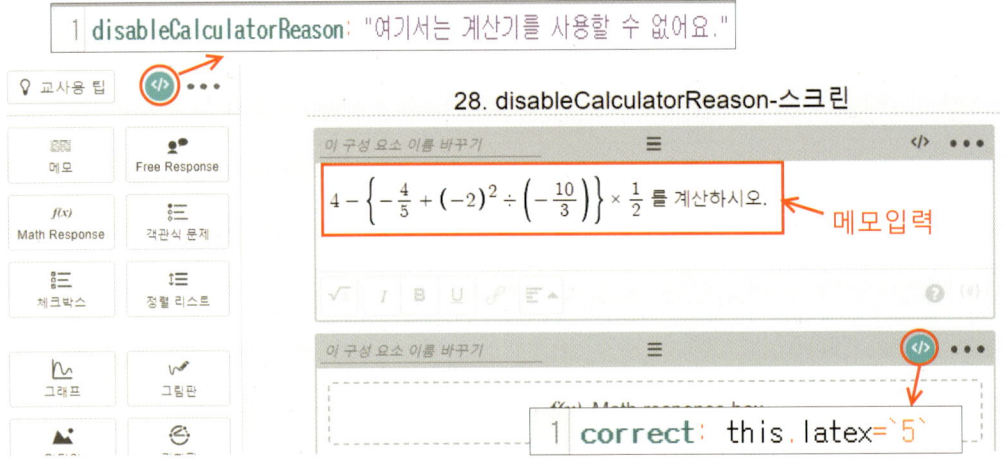

⇨ 명령어(스크린) 해석

계산기를 비활성화하는 이유가 문장으로 나타나게 하였다.

⇨ 명령어(수식입력란) 해석

수식입력창에 5를 적으면 정답으로 인식한다.

29. disabled (버튼 비활성화)

1) 명령어의 역할
disabled는 조건에 따라 버튼을 활성화하지 못하도록 하는 명령어이다.
사용 가능 구성요소: 행동버튼

2) 활용예시 체험
QR코드의 13번 슬라이드는 5개의 힌트로부터 답을 추측하는 과제가 제시되어 있다. 다음 힌트 보기 버튼을 계속 눌러보자. 다섯 번 누르면 버튼이 비활성화됨을 관찰할 수 있다.

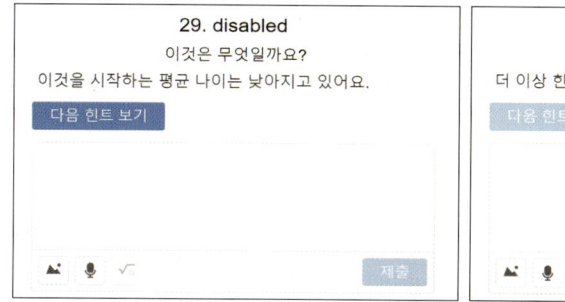
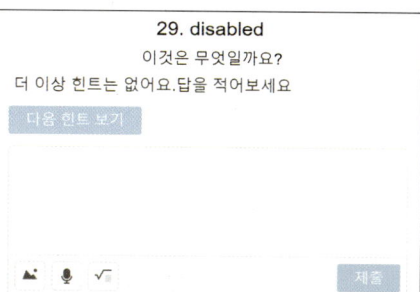

〈 13번 슬라이드 〉

3) 제작 방법
▶ 13번 슬라이드
① 메모 두 개, 행동버튼과 텍스트 입력란을 불러오고 메모 두 개, 행동버튼, 텍스트 입력란의 이름을 입력한다.

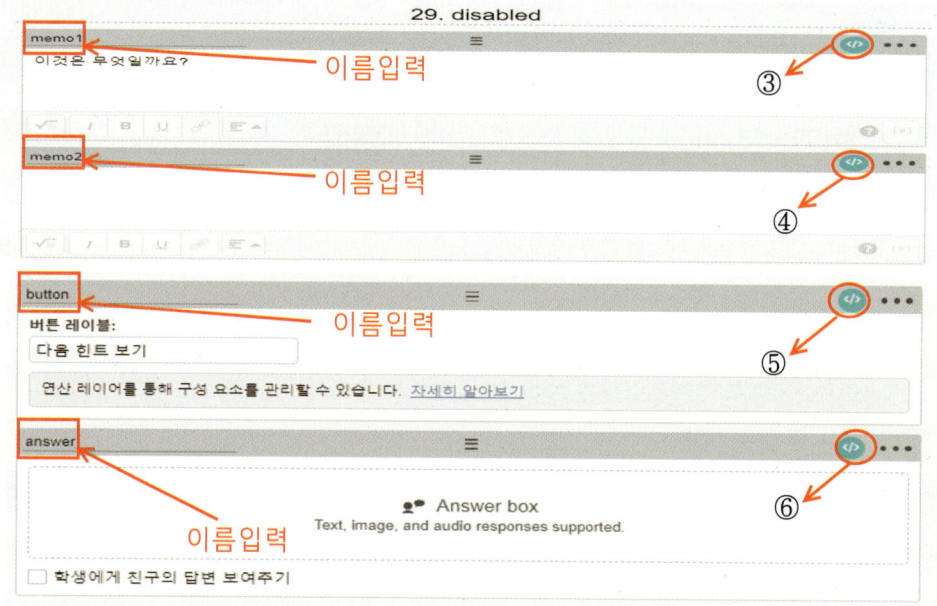

② 스크린의 스크립트 편집창에 명령어를 입력한다.

```
1 subtitle:" 이것은 무엇일까요?"
```

⇨ **명령어 해석**

"이것은 무엇일까요?"를 화면 첫줄 부제목으로 나오게 한다.

③ **memo1**의 스크립트 편집창을 열고 명령어를 입력한다.(스무고개 형식)

```
1  content:
2
3  when button.pressCount=1 " 이것을 시작하는 평균 나이는 낮아지고 있어요."
4
5  when button.pressCount=2 " 이것을 위해 쓰는 돈이 많아요."
6
7  when button.pressCount=3 " 이것을 끊으면 불안해져요."
8
9  when button.pressCount=4 " 자꾸 이것에 의지하게 되요."
10
11 when button.pressCount=5 " 이것 때문에 성적이 떨어지는 경우도 있어요."
12
13 when button.pressCount=6 " 더 이상 힌트는 없어요.답을 적어보세요"
14
15 otherwise "다음 힌트에 따라 이것이 무엇인지 맞춰주세요.
16
17 힌트는 5개까지 주어집니다."
```

⇨ **명령어 해석**

1행: 내용입력

3행: 행동버튼(button)을 1번 누르면 "이것을 시작하는 ~"

5행: 행동버튼(button)을 2번 누르면 "이것을 위해 ~"

7행: 행동버튼(button)을 3번 누르면 "이것을 끊으면 ~"

9행: 행동버튼(button)을 4번 누르면 "자꾸 이것에~"

11행: 행동버튼(button)을 5번 누르면 "이것 때문에~"

13행: 행동버튼(button)을 6번 누르면 "더 이상 힌트는~"

15행: 그 외에는 "다음 힌트에 따라~"가 나타나게 한다.

④ **memo2**의 스크립트 편집창을 열고 명령어를 입력한다.

```
1  content:
2
3  when answer.submitted and answer.content="사교육"
4
5
6
7  "정답입니다! 사용한 힌트 횟수는 ${button.pressCount} 번입니다."
8
9
10
11
12 when answer.submitted and not(answer.content="사교육") "땡!😡😡😡
13
14 사용한 힌트 횟수는 ${button.pressCount} 번입니다."
15
16
17
18 otherwise ""
```

⇨ 명령어 해석

　　1행: 내용입력
　　3행: 텍스트 입력란(answer)에 제출된 내용이 사교육이면
　　7행: "정답입니다! 사용한 힌트 횟수는 ${행동버튼을 누른 횟수} 번입니다."
　　12행: 텍스트 입력란(answer)에 제출된 내용이 사교육이 아니면
　　14행: "땡! 😡😡😡사용한 힌트 횟수는 ${행동버튼을 누른 횟수} 번입니다."
　　18행: 그 외에는 여백으로 나타나게 한다.

⑤ **button**의 스크립트 편집창을 열고 명령어를 입력한다.

```
1  disabled: button.pressCount >= 6
2  hidden: answer.submitted and answer.content="사교육"
```

⇨ 명령어 해석

　　1행: 행동버튼을 6회 이상 누르면 행동버튼을 비활성화 한다.
　　2행: 텍스트 입력 내용을 사교육이라고 제출하면 행동버튼을 숨긴다.

⑥ **answer**의 스크립트 편집창에 명령어를 입력한다.

```
1  hidden: answer.submitted and (answer.content="사교육") or button.pressCount=0
```

⇨ 명령어 해석: 텍스트 입력 내용에 사교육을 입력하여 제출하거나 행동버튼을 누르지
　　　　　　　않은 경우는 텍스트 입력란을 숨긴다.

30. disableRowChanges (표의 행추가 비활성화)

1) 명령어의 역할
disableRowChanges는 표에서 행을 추가하여 입력하는 것을 비활성화 시키는 기능을 한다. 행 추가 기능이 기본설정이며, 표에 추가적인 입력을 원하지 않을 때 사용한다.
사용 가능 구성요소: 표

2) 활용예시 체험
QR코드의 14번 슬라이드를 열어 두 개의 표에 숫자를 입력하고 엔터를 눌러보자. 1번 문제의 표는 엔터를 쳐도 행이 추가되지 않으나 2번 문제에서는 엔터를 쳐서 3행까지 추가입력이 가능하다.

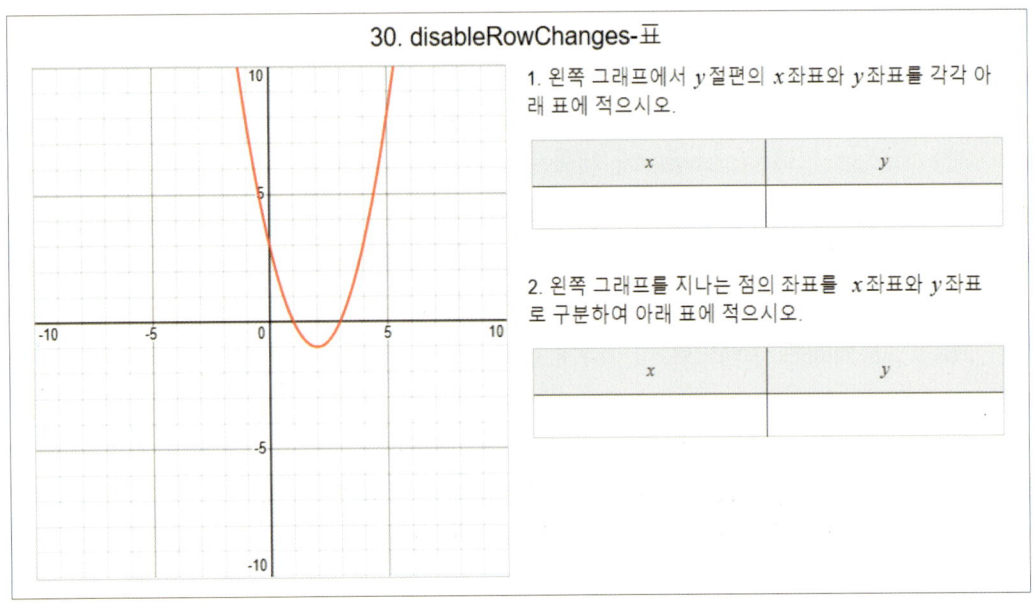

〈14번 슬라이드〉

disableRowChanges 명령어로 체험자가 표의 행을 추가여부를 결정하는 방법을 알아보자.

3) 제작 방법

▶ 14번 슬라이드

① 그래프, 메모 두 개, 표 두 개를 불러오고 메모에 내용을 입력한다.

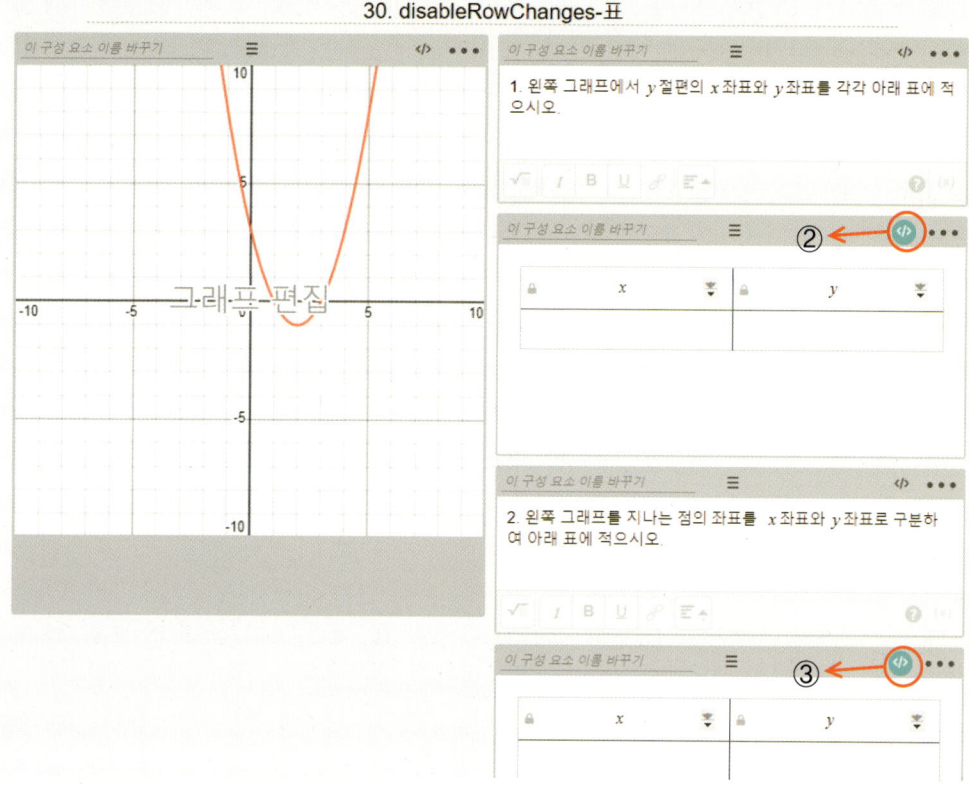

② **1번** 문제의 표 스크립트 편집창을 열어 명령어를 입력한다.

```
1  disableRowChanges: true
```

⇨ **명령어 해석:** 표의 행 추가를 비활성화한다.

③ **2번** 문제의 표 스크립트 편집창을 열어 명령어를 입력한다.

```
1  disableRowChanges: false
2  maxRows: 3
```

⇨ **명령어 해석**

   1행: 표의 행 추가를 비활성화하는 것을 하지 않는다.
   2행: 행은 최대 3개로 한다.

31. disableSketch (그림판 비활성화)

1) 명령어의 역할
disableSketch는 조건에 따라 그림판을 활성화하지 못하도록 하는 명령어이다.
사용 가능 구성요소: 그림판

2) 활용예시 체험
QR코드의 15번 슬라이드를 열어 그림판에 마우스나 펜을 이용하여 "수학"이라는 글자를 써보자. "학"을 끝까지 쓸 수 없을 것이다.

disableSketch를 사용하여 그림판에 특정 상황에서 그림을 더 이상 그릴 수 없게 하는 방법을 알아보자.

3) 제작 방법

▶ 15번 슬라이드

① 그림판을 불러온다.

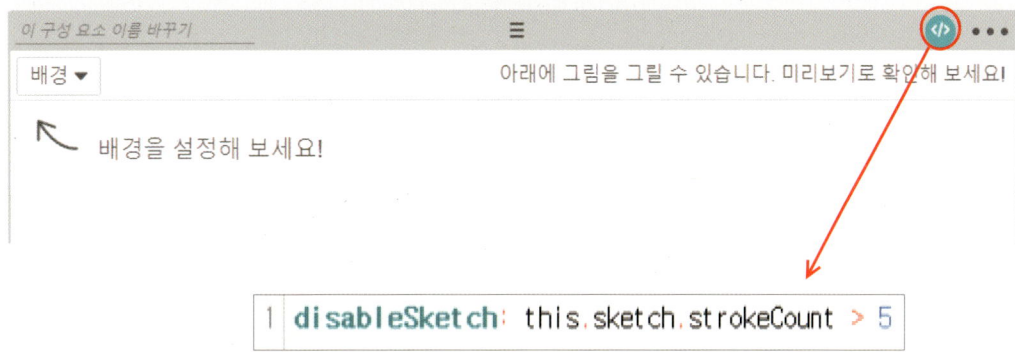

② 그림판의 스크립트 편집창에 명령어를 입력한다.

⇨ **명령어 해석**

그림판 화면에 드로잉 횟수가 5회를 초과하면 스케치를 비활성화 한다.

32. errorMessage (에러 메시지 알림)

1) 명령어의 역할
errorMessage는 학생 대시보드에 에러 메시지를 알리는 명령어로 교사 대시보드에서는 표시되지 않으며 교사 대시보드에는 같은 역할을 하는 명령어인 warning을 사용할 수 있다.

사용 가능 구성요소: 수식

2) 활용예시 체험
QR코드의 16번 슬라이드를 열어 수식입력란에 숫자가 아닌 문자를 입력해보자. 그러면 ⚠ 표시가 나타나고 이 표시에 마우스 커서를 올려놓으면 "숫자만 입력하세요"라는 문구가 나타난다.

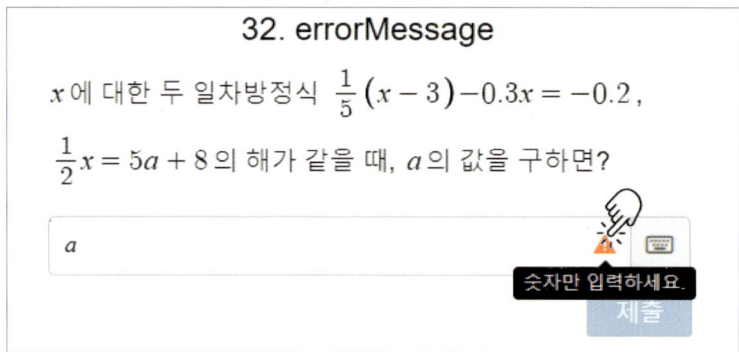

〈16번 슬라이드〉

errorMessage로 학생들이 주의사항을 볼 수 있게 하는 방법을 알아보자.

3) 제작 방법

▶ 16번 슬라이드

① 메모와 수식입력란을 불러오고 메모의 내용을 입력한다.
② 수식입력란의 스크립트 편집창에 명령어를 입력한다.

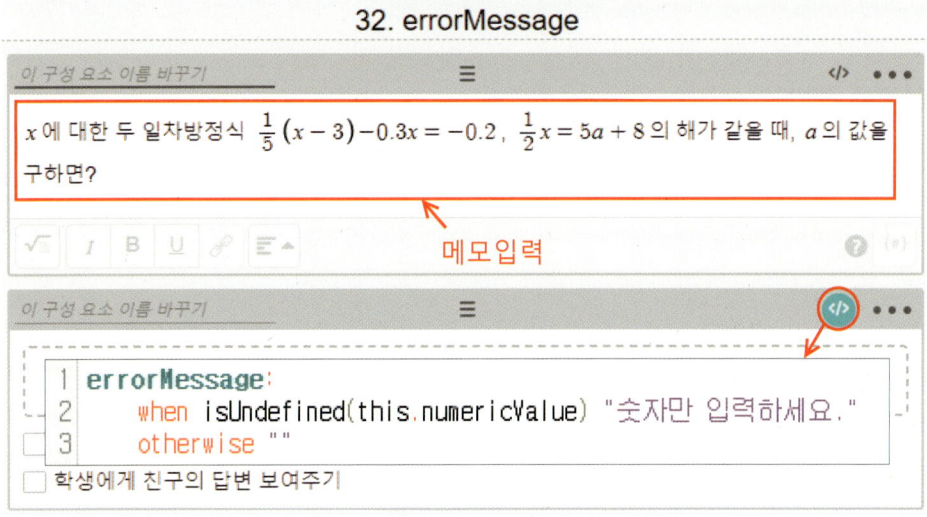

⇨ **명령어 해석**

1행~2행: 이 수식입력란이 숫자로 정의되지 않은 경우 "숫자만 입력하세요."라는 에러 메시지를 보여준다.

3행: 그 외에는 (숫자가 입력된 경우에는) 빈칸으로 두어 에러메세지가 뜨지 않도록 한다.

33. explainContent (답변 내용 화면 자동 복사)

1) 명령어의 역할
explainContent는 텍스트 입력란의 내용을 가져와 보여줄 수 있게 하는 명령어이다.
사용 가능 구성요소: 체크박스/객관식, 수식입력란

2) 활용예시 체험
QR코드의 17번 슬라이드를 열어 문제의 답을 클릭한 후 안내에 따라 이유를 적어보자. 입력한 문장이 화면에 그대로 생성됨을 알 수 있다.

3) 제작 방법

▶ 17번 슬라이드

① 메모 두 개와 체크박스를 불러오고, 메모와 체크박스에 이름을 입력한 후 메모와 체크박스의 내용을 입력한다.

93

② 메모(a)의 스크립트 편집창에 명령어를 입력한다.

```
1 c = when b.isSelected(1)"정비례" otherwise "반비례"
2 content:
3 when isBlank(b.explainContent)""
4 otherwise "`y`가 `x`에 ${c}하는 것이다. 그 이유는 \n\n${b.explainContent}"
```

⇨ 명령어 해석

　1행: c는 체크박스(b)의 첫 번째 항목을 선택할 때 "정비례" 그 외에는 "반비례"이다.

　3행: 체크박스(b)가 미입력이면 여백처리("")

　4행: 그 외에 "y가 x에 ${c}하는 것이다. 그 이유는 띄어쓰기 2번 ${b의 설명내용}"

③ 체크박스(b) 스크립트 편집창에 명령어를 입력한다.

```
1 explainPrompt: "선택한 이유를 적어 주세요"
```

⇨ 명령어 해석

　explainPrompt(34번) 이유 설명란 "선택한 이유를 적어 주세요"로 나타나게 한다.

34. explainPrompt (답안선택의 설명요청 문장)

1) 명령어의 역할

explainPrompt는 학생들이 작성한 답에 대한 추가 설명 시 원하는 발문이 나타나도록 할 때 사용하는 명령어이다. 기본으로 제공되는 발문은 "이유를 설명하세요."이나 교사의 요구사항이 있을 경우 "그 이유를 방정식과 연결 지어 설명해주세요."와 같이 발문을 변경하거나 학생이 입력한 답에 따라 발문을 다르게 할 수 있다.
사용 가능 구성요소: 수식입력란, 체크박스(객관식)

2) 활용예시 체험

QR코드의 18번, 19번 슬라이드를 열어 수식입력란에 답을 적고 제출 및 설명 버튼을 눌러보자. 그러면 추가 안내와 함께 이유를 입력할 수 있는 텍스트 입력란이 나타난다.

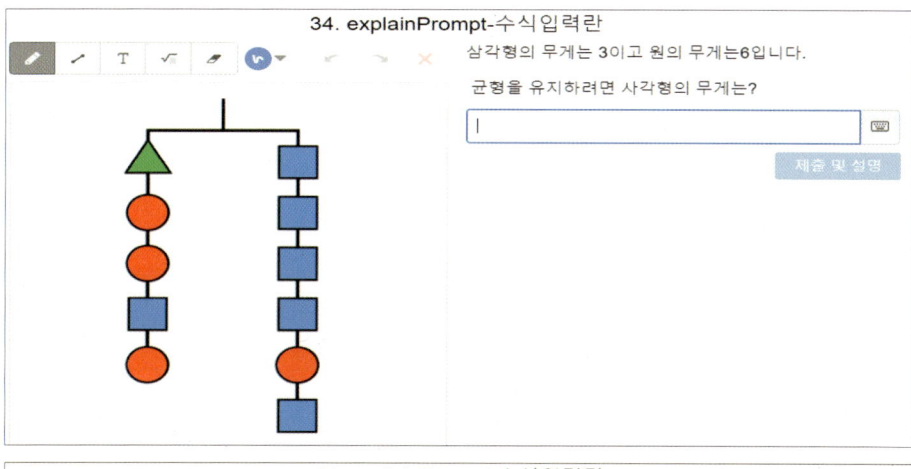

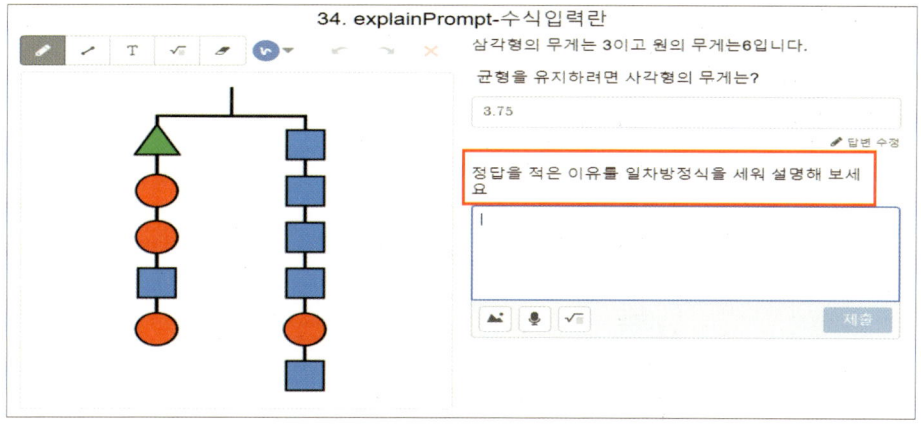

〈18번 슬라이드〉

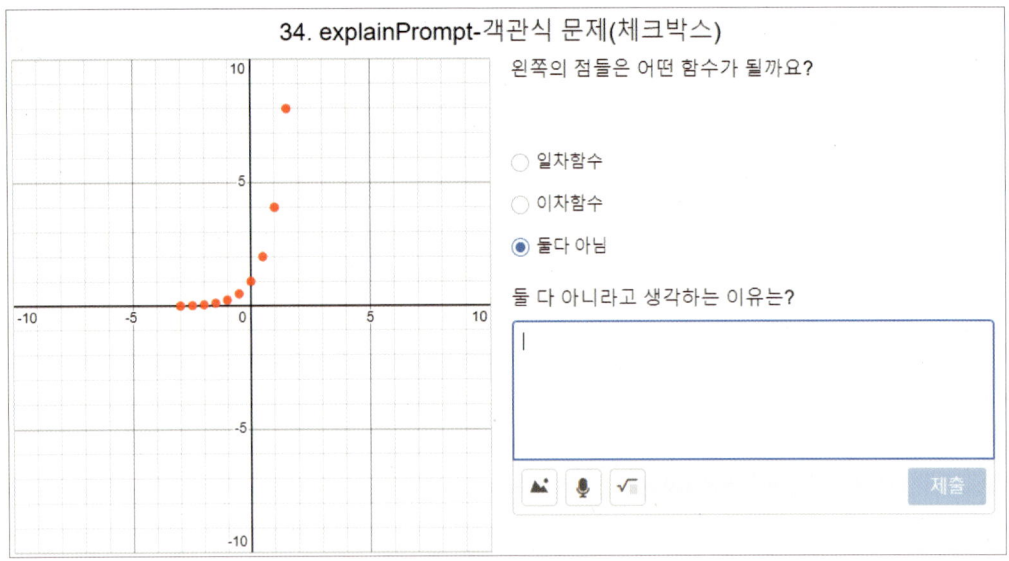

〈19번 슬라이드〉

explainPrompt를 사용하여 학생들에게 추가 질문을 생성하는 방법을 알아보자.

3) 제작 방법

▶ 18번 슬라이드

① 그림판, 메모, 수식입력란을 불러오고 메모에 내용을 입력한다.

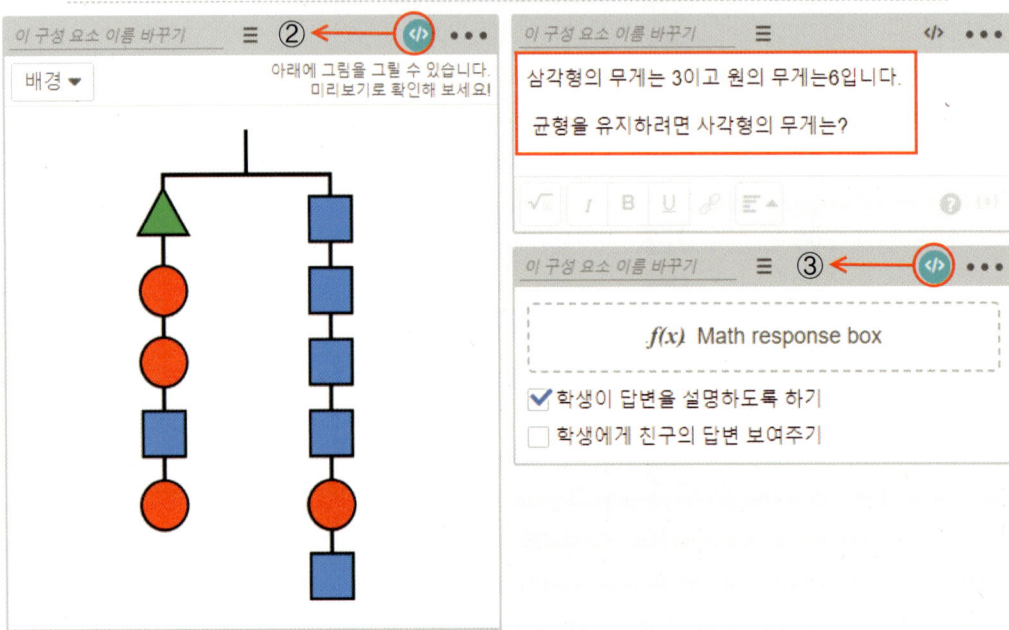

※ 그림판 불러오기: 컴퓨터에 저장된 이미지 파일을 가져올 수 있다.

② 그림판의 스크립트 편집창에 명령어를 입력한다.

```
1  readOnly: true
```

⇨ **명령어 해석** readOnly(71번) 읽음 처리한다.

③ 수식입력란의 스크립트 편집창에 명령어를 입력한다.

```
1  explainPrompt: "정답을 적은 이유를 일차방정식을 세워 설명해 보세요"
```

⇨ **명령어 해석**
　"정답을 적은 이유를 일차방정식을 세워 설명해 보세요"로 발문이 변경되어 나타난다.

▶ 19번 슬라이드
① 그래프, 메모, 객관식 문제를 불러오고 그래프 편집창을 열어 수식을 입력한다.

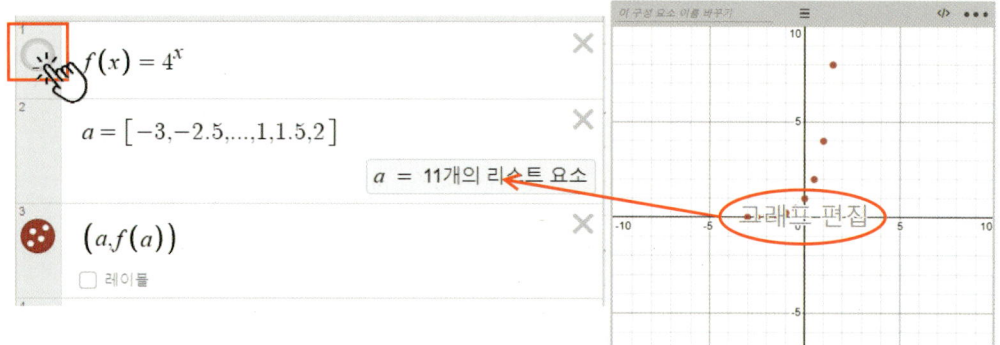

⇨ **수식 해석**

1행: $f(x)=4^x$를 미리 만들어 두고 왼쪽을 클릭하여 그래프가 나타나지 않도록 한다.

2행: 점의 x좌표들을 리스트로 만들어 둔다. 등차수열일 때, "..."을 이용하여 필요한 만큼 리스트 요소의 수를 쉽게 만들 수 있다.

3행: $(a, f(a))$를 그래프에 나타나도록 한다. 이때 a값은 2행의 리스트의 값들이다.

② 메모와 객관식의 내용을 입력하고 객관식 스크립트 편집창에 명령어를 입력한다.

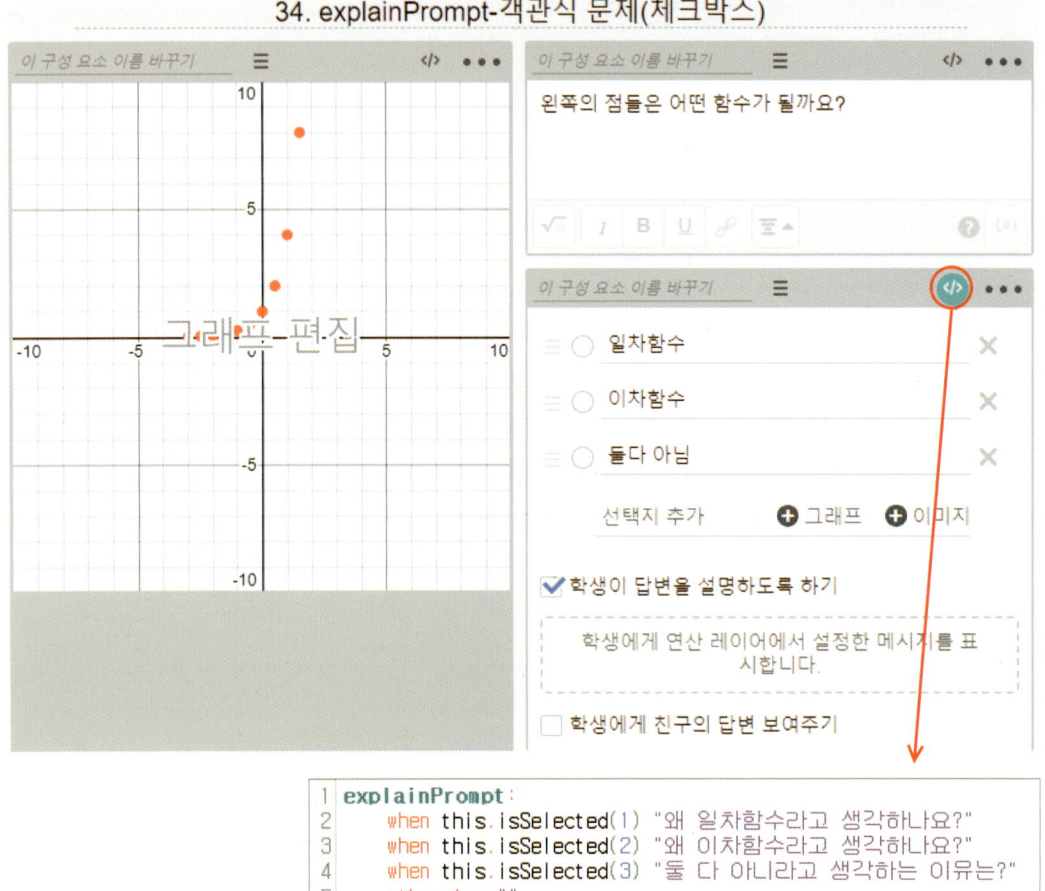

⇨ **명령어 해석**

1행: 답안선택의 설명요청을 요청한다.

2행: 첫 번째를 선택할 경우에는 "왜 일차함수라고 생각하나요?"

3행: 두 번째를 선택할 경우에는 왜 이차함수라고 생각하나요?"

4행: 세 번째를 선택할 경우에는 "둘 다 아니라고 생각하는 이유는?"

5행: 그 외에는 여백 ""으로 나타나게 한다.

desmos

35. firstDefinedValue (초기값 설정하기)

1) 명령어의 역할

firstDefinedValue는 수식입력란이나 표에 값을 입력하지 않았을 때, 이와 연동된 그래프의 변수에 초기값을 정해주는 명령어이다.

\# 사용 가능 구성요소: 그래프

2) 활용예시 체험

QR코드의 1번 슬라이드를 열어 수식입력란에 1과 6사이의 숫자를 적어보자. 그러면 처음에 $(3,0)$위치에 있던 점이 입력한 숫자를 x좌표로 하는 점의 위치로 이동한다.

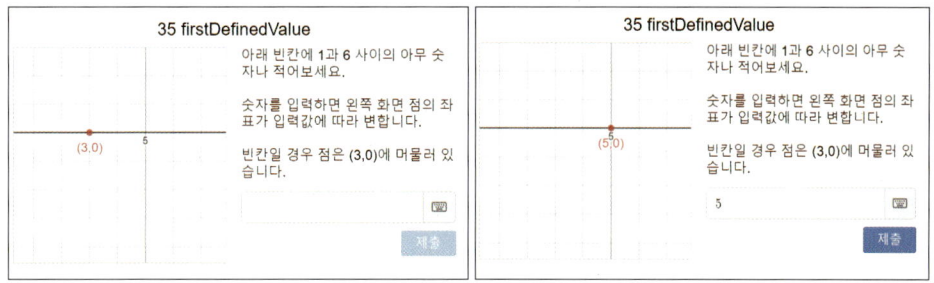

〈1번 슬라이드〉

3) 제작 방법

▶ 1번 슬라이드

① 그래프, 메모, 수식입력란를 불러오고 메모의 내용과 수식입력란의 이름을 입력한다.

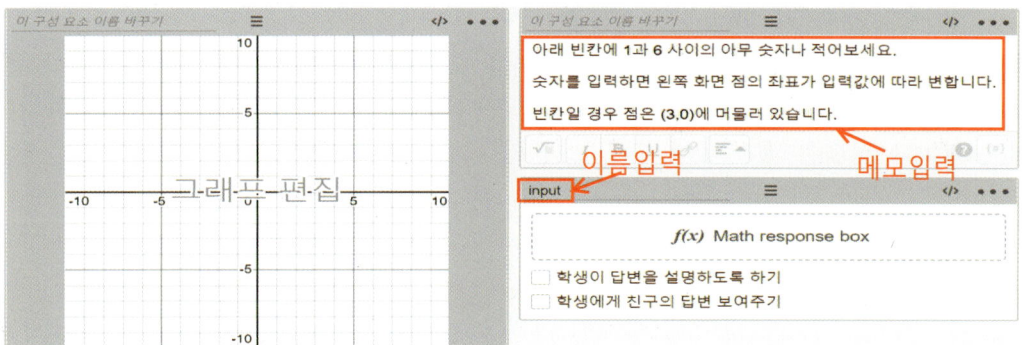

② 그래프 편집창을 열고 수식을, 그래프 스크립트 편집창을 열고 명령어를 입력한다.

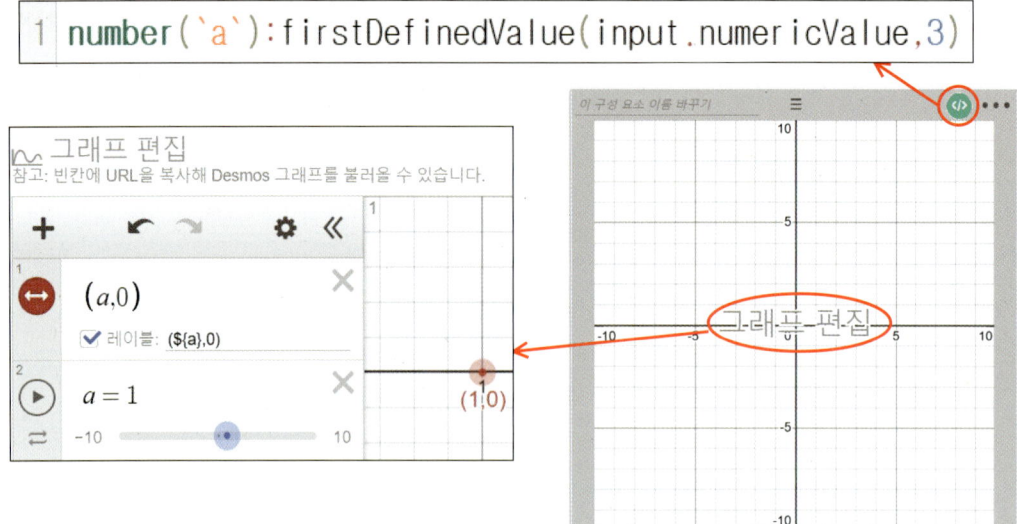

▷ **수식 해석**

점 $(a, 0)$의 레이블에 (${a},0)가 입력되어 있다.

(${ }는 괄호 안에 입력된 변수의 변화가 즉시 반영되어 나타나게 하는 표현이다.)

▷ **명령어 해석**

그래프 편집창에 입력한 변수 a는 input에 입력한 숫자값(numericValue)으로 한다. 단, 아무것도 입력되지 않은 상태에서 a는 3이다.

※ firstDefinedValue를 사용하지 않고 number(`a`): input.numericValue 만 쓴다면 미리보기 화면에서 수식입력란이 빈칸일 때 점이 보이지 않는다. 즉 변수 a에 의해 결정되는 도형이나 식들은 전부 보이지 않게 된다.

36. function (함수)

1) 명령어의 역할
function은 수식입력란에 입력한 식을 함수의 관계식으로 불러올 수 있게 한다.
사용 가능 구성요소: 그래프, 그림판

2) 활용예시 체험
QR코드의 2번 슬라이드를 열어 수식입력란에 x에 관한 식을 적어보자. 3번 슬라이드는 x, y에 관한 등식을 적는다. 그러면 각 수식을 만족하는 도형이 나타난다.

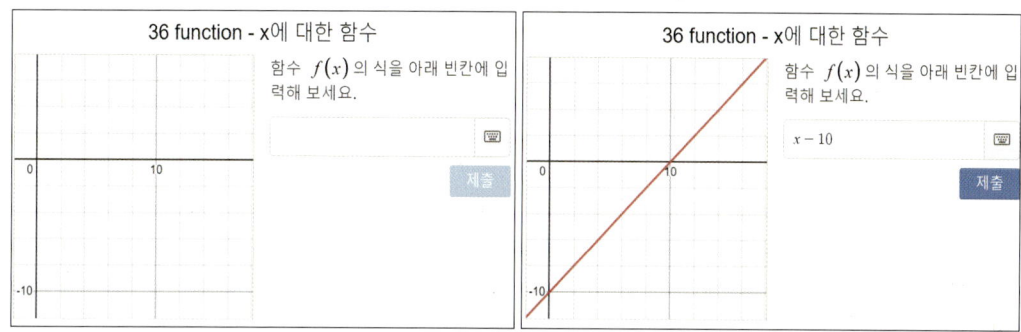

〈2번 슬라이드〉

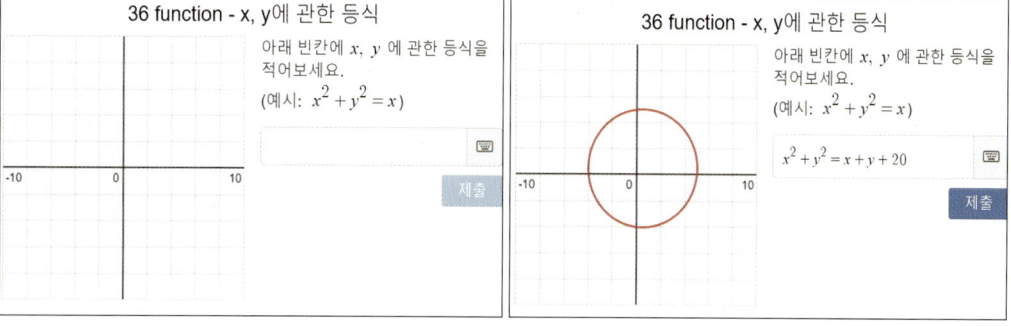

〈3번 슬라이드〉

3) 제작 방법

▶ **2번 슬라이드**

① 그래프, 메모, 수식입력란을 불러오고 메모의 문구와 수식입력란의 이름을 입력한다.

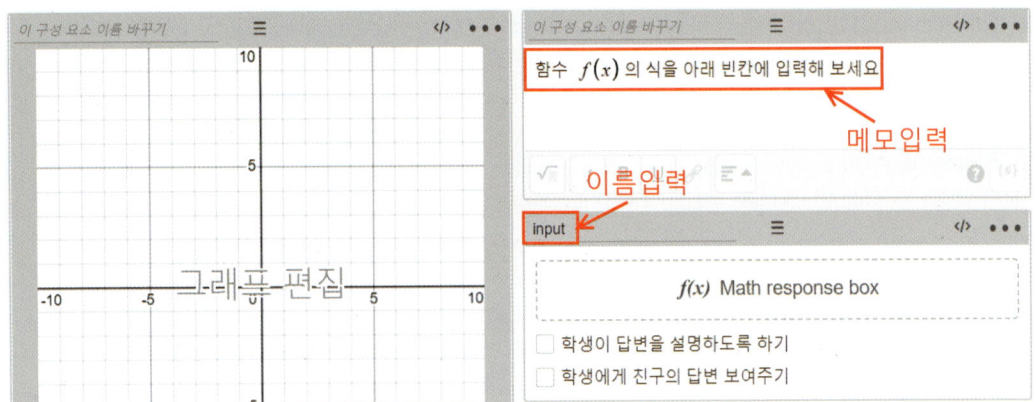

② 그래프 편집창을 열고 수식을, 그래프 스크립트 편집창을 열고 명령어를 입력한다.

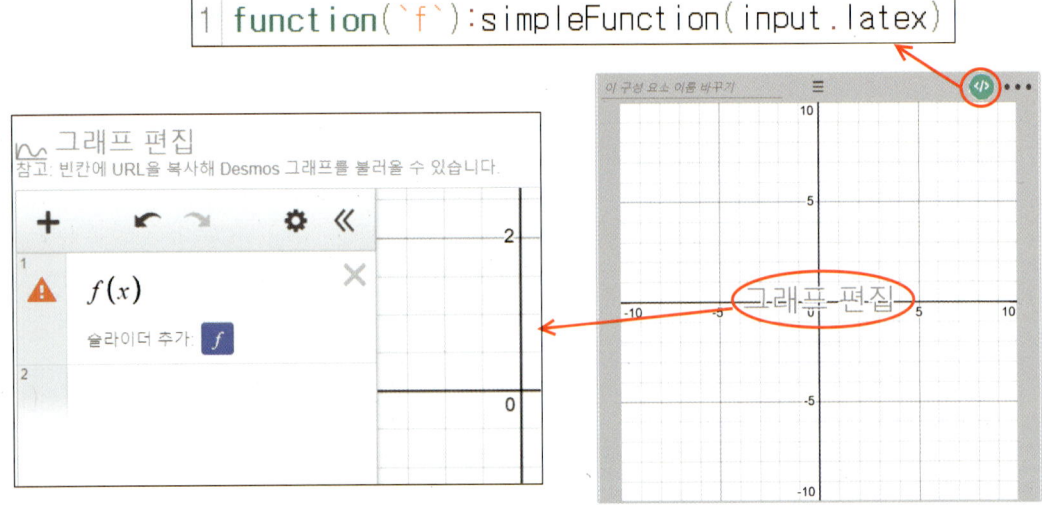

⇨ **수식 해석** : x에 관한 함수의 관계식을 수식입력란에서 받아오기 위해 1행을 입력한다. 슬라이더는 추가하지 않아도 된다.

⇨ **명령어 해석**

함수 f의 관계식은 input에 입력한 수식에 의해 결정된다.

단, 식을 함수로 인식시키기 위해 명령어 simpleFunction을 사용한다.

※ 수식입력란에 아래와 같이 입력하여도 똑같은 결과가 나온다.

$x-10$, $f(x)=x-10$, $y=x-10$

▶ 3번 슬라이드

① 그래프, 메모, 수식입력란를 불러오고 메모의 내용과 수식입력란의 이름을 입력한다.

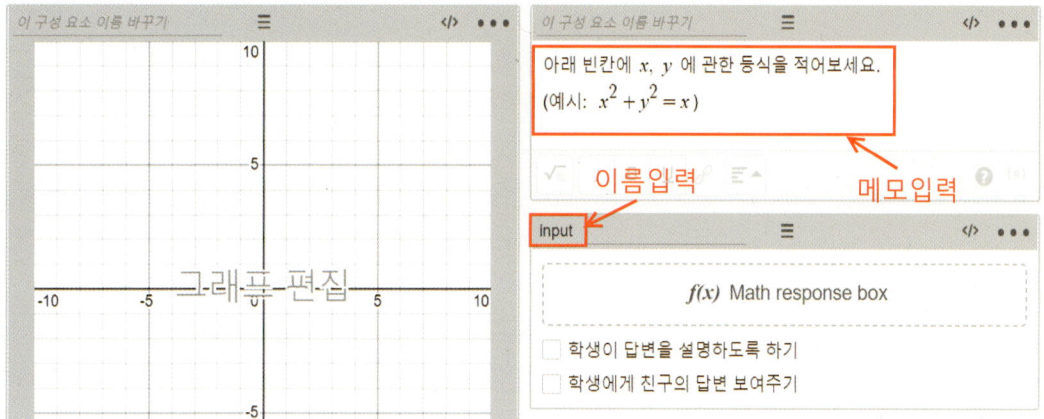

② 그래프 편집창을 열고 수식을, 그래프 스크립트 편집창을 열고 명령어를 입력한다.

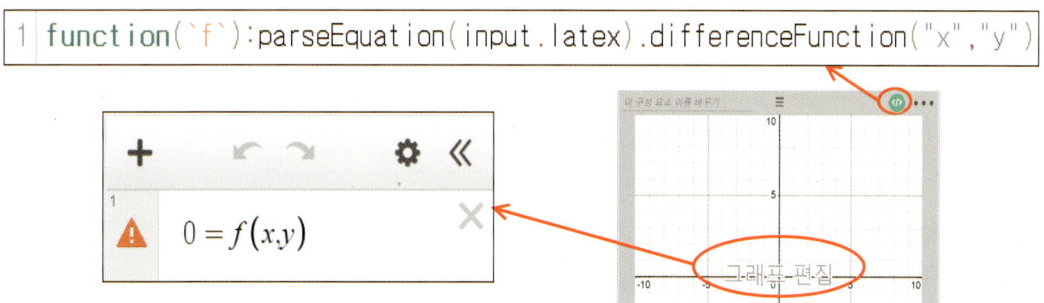

➡ **수식 해석** : $0 = f(x, y)$로 작성해야 한다. $f(x, y) = 0$ 또는 $f(x, y)$를 입력하면 원하는 도형이 나타나지 않는다.

➡ **명령어 해석**

좌변과 우변으로 분리된 두 식을 빼서 하나의 식으로 만들어 x, y에 관한 함수 f의 관계식으로 가져온다.
(parseEquation(input.latex): input에 입력한 등식을 좌변과 우변으로 분리한다는 뜻이다.)

37. graphLayer (그래프 배경으로 불러오기)

1) 명령어의 역할
graphLayer는 그래프 작업 결과를 다른 그래프나 그림판, 그래핑계산기에 똑같이 나타나게 할 때 사용한다. 단 레이블은 불러올 수 없다.
사용 가능 구성요소: 그래프, 그림판, 그래핑계산기

2) 활용예시 체험
QR코드의 4번 슬라이드를 열어 그래프 화면의 동점을 드래그 해보자. 그러면 오른쪽 그림판의 도형이 왼쪽과 똑같은 모양으로 저절로 이동한다.

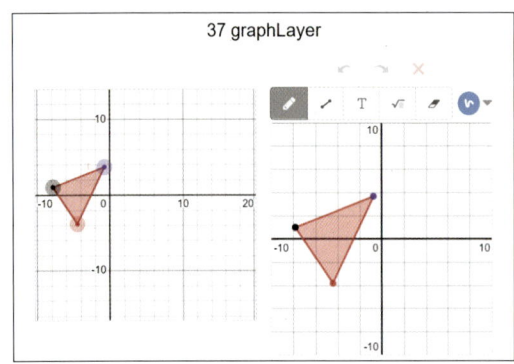
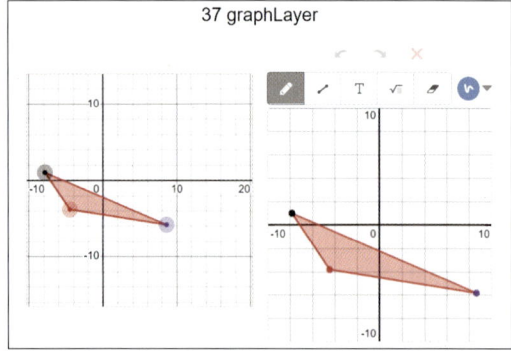

〈4번 슬라이드〉

3) 제작 방법
▶ 4번 슬라이드
① 그래프와 그림판을 불러오고 그래프의 이름을 입력한다. 그림판의 배경은 편집 가능한 그래프로 선택한다.

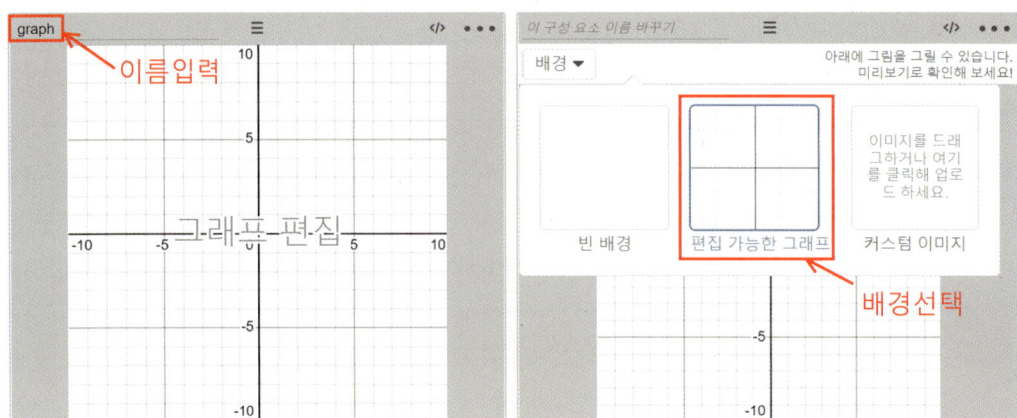

② 그래프 편집창을 열고 수식을 입력한다.

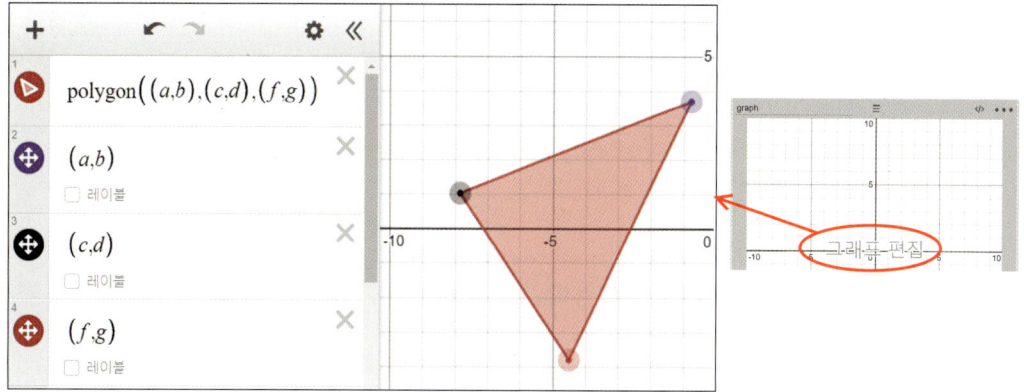

⇨ **수식 해석** : polygon((a,b),(c,d),(f,g))은 꼭지점이 (a,b), (c,d), (f,g)인 다각형을 뜻한다. 아래 행에 세 점의 좌표를 한 번 더 입력하여 그래프 화면에서 다각형의 꼭지점을 이동시킬 수 있게 하였다. $a \sim g$ 변수에 대한 슬라이더는 자동으로 추가된다.

※ e는 자연상수를 나타내므로 움직이는 점을 표현할 때는 사용하지 않는다.

③ 그림판 스크립트 편집창을 열어 명령어를 입력한다.

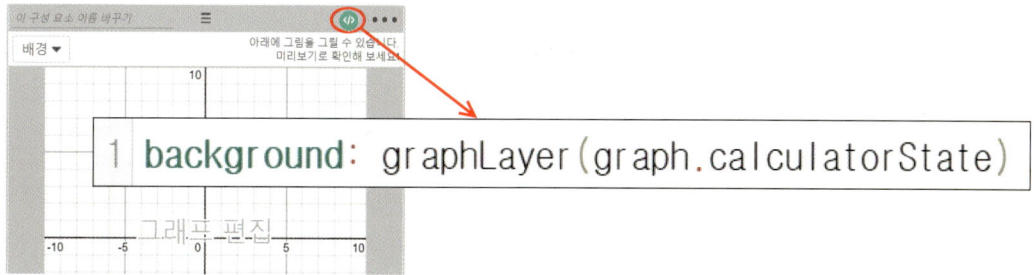

⇨ **명령어 해석**

그림판의 배경으로 graph에 입력된 결과물을 불러온다.

105

38. hidden (숨기기)

1) 명령어의 역할
hidden은 특정상황에서 구성요소가 보이지 않게 할 때 사용한다.
사용 가능 구성요소 : 카드정렬과 스크린을 제외한 모든 구성요소

2) 활용예시 체험
QR코드의 5번 슬라이드를 열어 수식입력란에 3을 입력해보자. 그러면 숨어있던 메모의 문장이 나타난다.

〈5번 슬라이드〉

3) 제작 방법
▶ 5번 슬라이드
① 메모 두 개와 수식입력란을 불러온 후 메모의 내용과 수식입력란의 이름을 입력한다.

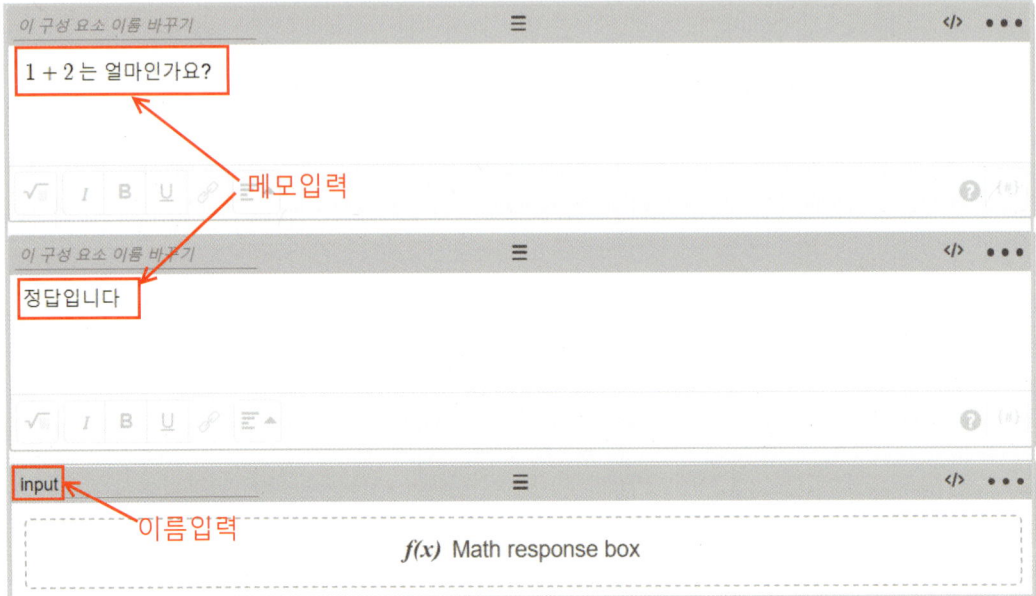

② 두 번째 메모의 스크립트 편집창을 열어 명령어를 입력한다.

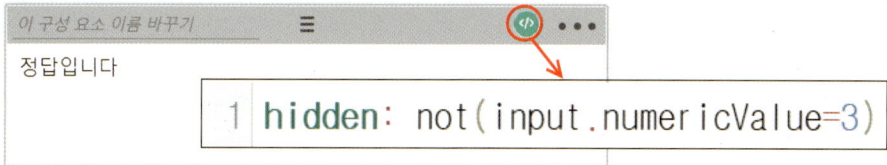

⇨ **명령어 해석**

input에 적은 숫자가 3이 아니면 숨긴다.

39. hideSketch (스케치 숨기기)

1) 명령어의 역할
hideSketch는 그림판에 그린 스케치를 숨기고 싶을 때 사용한다.
사용 가능 구성요소: 그림판

2) 활용예시 체험
QR코드의 6번 슬라이드를 열어서 그림판에 그림을 그린 후 스케치 숨기기 버튼을 선택하면 그림이 모두 사라진다. 스케치 보이기를 선택하면 다시 나타난다.

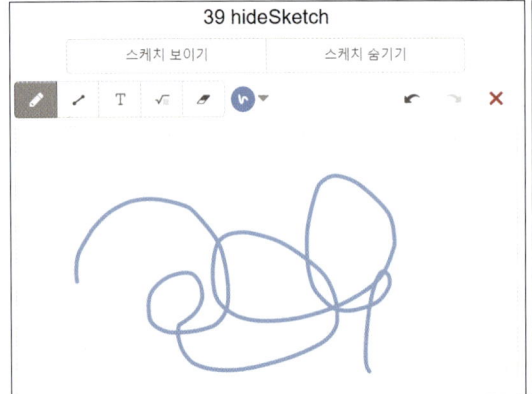 

〈6번 슬라이드〉

3) 제작 방법
▶ 6번 슬라이드

① 객관식 문제와 그림판을 불러오고 객관식 문제의 이름과 보기를 입력한다. ⋯를 클릭하여 버튼 스타일을 선택한다.

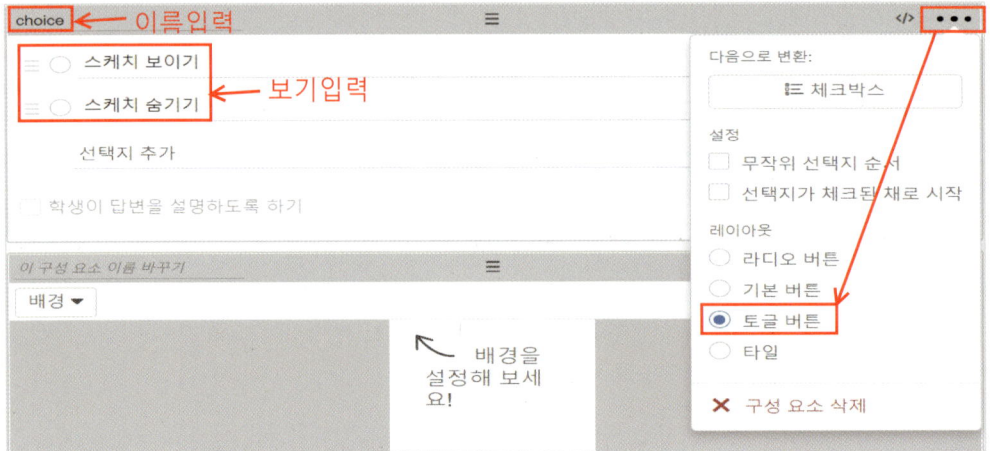

② 그림판의 스크립트 편집창을 열고 명령어를 입력한다.

⇨ **명령어 해석**

choice의 객관식 문제 보기 2번(스케치 숨기기)을 선택하면 스케치를 숨긴다.

40. history (누적해서 보여주기)

1) 명령어의 역할

history는 capture와 함께 쓰인다. 버튼을 클릭할 때마다 캡쳐된 변수 값이 리스트에 누적되어 저장된다. 리스트로 점의 좌표를 구성한다면 그래프 화면에 점이 누적해서 나타나는 현상을 표현할 수 있다.

사용 가능 구성요소: 행동버튼, 수식입력란

2) 활용예시 체험

QR코드의 7번 슬라이드를 열어 빨간 점을 움직이면서 캡쳐버튼을 클릭해보자. 버튼을 클릭할 때마다 누적해서 흔적이 남는 것을 관찰할 수 있다.

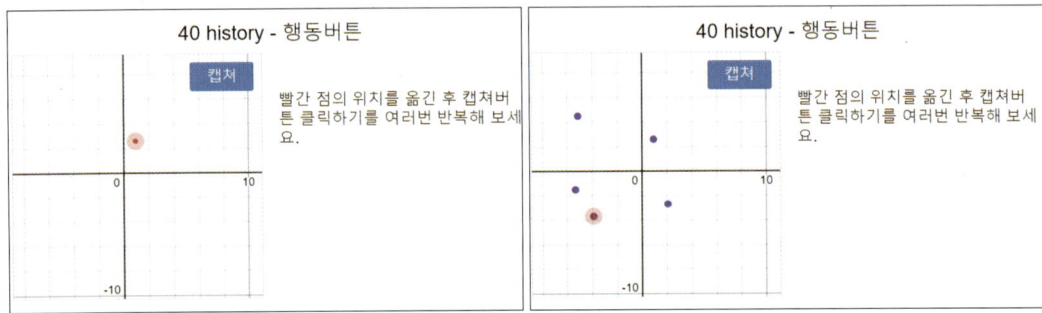

〈7번 슬라이드〉

history로 어떻게 점의 위치를 누적하여 화면에 나타나게 할 수 있는지 알아보자.

3) 제작 방법

▶ 7번 슬라이드

① 그래프, 행동버튼, 메모를 불러오고 메모의 내용을 입력한 후 그래프와 행동버튼의 이름을 입력한다.

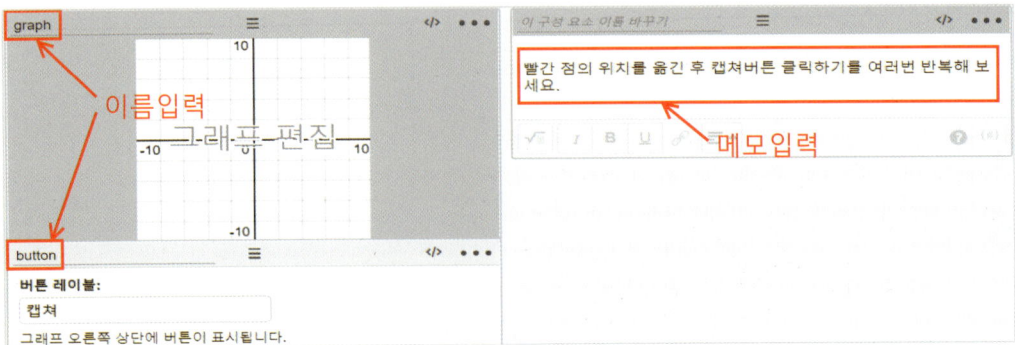

② 그래프 편집창을 열고 수식을 입력한다.

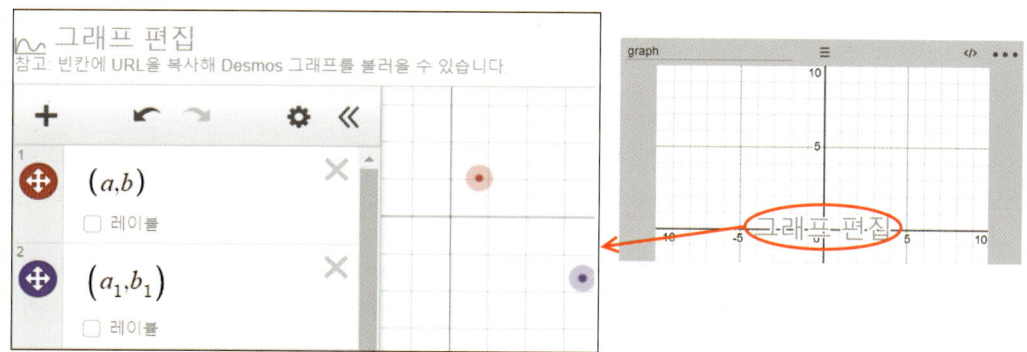

⇨ **수식 해석** : 체험자는 (a, b)를 마음대로 이동시킬 수 있다. 버튼을 클릭한 순간의 a, b값을 명령어 capture로 저장하고 저장된 a, b값들을 리스트로 모아 각각 a_1, b_1에 담기 위해 두 개의 점을 그래프 수식에 입력해 놓아야 한다.

※ 그래프 안의 변수들을 단수 형태로 입력해도 명령어를 통해 리스트로 값들을 저장할 수 있다.

③ 버튼 스크립트 편집창을 열고 명령어를 입력한다.

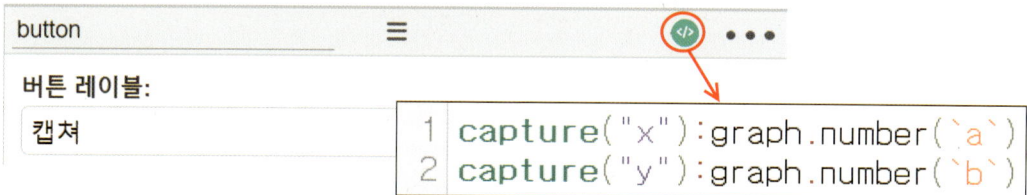

⇨ **명령어 해석**

버튼을 클릭할 때 graph에 입력된 변수 a, b를 캡쳐하여 각각 x, y라는 이름으로 저장한다.

④ 그래프 스크립트 편집창을 열고 명령어를 입력한다.

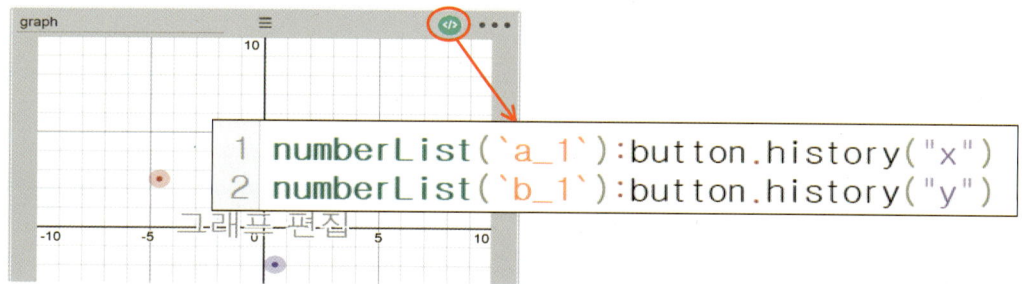

111

⇨ **명령어 해석**

button의 행동버튼으로 캡쳐한 값 x, y들을 누적해서 a_1, b_1에 리스트로 저장한다.

※ history로 불러오는 값은 복수형태이므로 numberList로 받아야 한다.

※ **numberList 와 history / number 와 lastValue**
7번 슬라이드에서 사용한 명령어 history 위치에 lastValue를 대신 입력하면 캡쳐한 값들 중 가장 마지막 값 하나만 그래프의 변수가 받게 된다. 그래서 버튼을 클릭할 때마다 이전에 찍힌 점들은 사라지고 가장 최근에 캡쳐한 점 하나만 나타난다. 그래서 스크립트창에서 그래프 변수를 불러들일 때 numberList 가 아니라 number를 사용한다.

41. initialCellContent (표 안에 초기값 넣기)

1) 명령어의 역할

initialCellContent는 표 안에 초기값을 미리 설정해 놓고 싶을 때 사용한다. cellcontent와 달리 체험자가 수정할 수 있다.

사용 가능 구성요소: 표

2) 활용예시 체험

QR코드의 8번 슬라이드를 열어 표에 적힌 숫자를 메모에 적힌 안내대로 수정해 보자. 그러면 그래프 화면 속의 점들도 위치가 바뀐다.

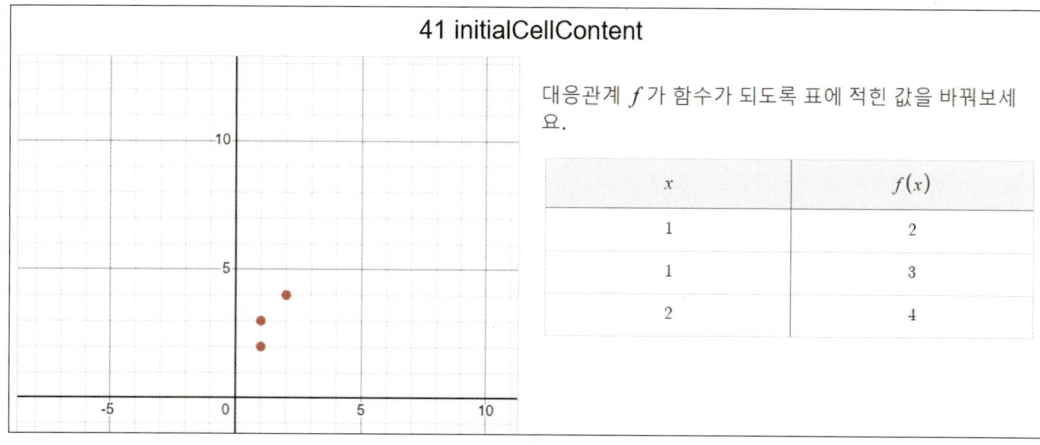

〈8번 슬라이드〉

3) 제작 방법

▶ 8번 슬라이드

① 그래프, 메모, 표를 불러오고 그래프와 표에 이름을 입력하고 메모는 내용을 입력한다. 표의 가장 윗행에 x, $f(x)$를 적는다.

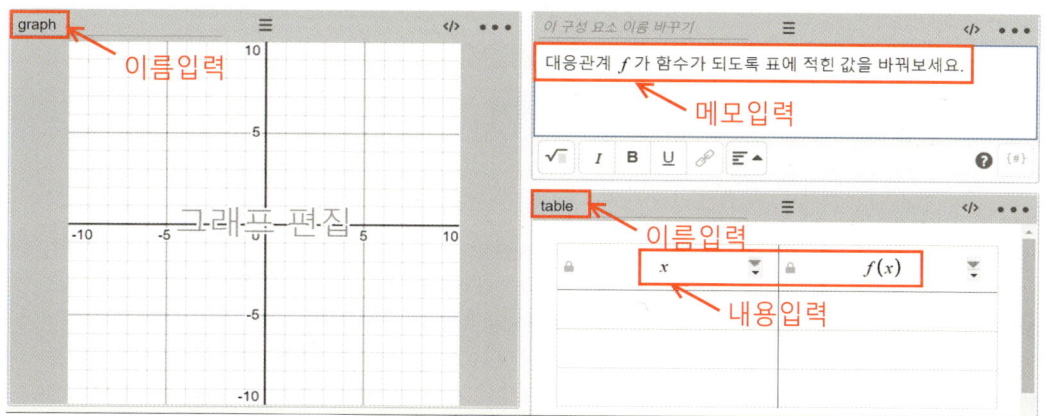

② 표 스크립트 편집창을 열고 명령어를 입력한다.

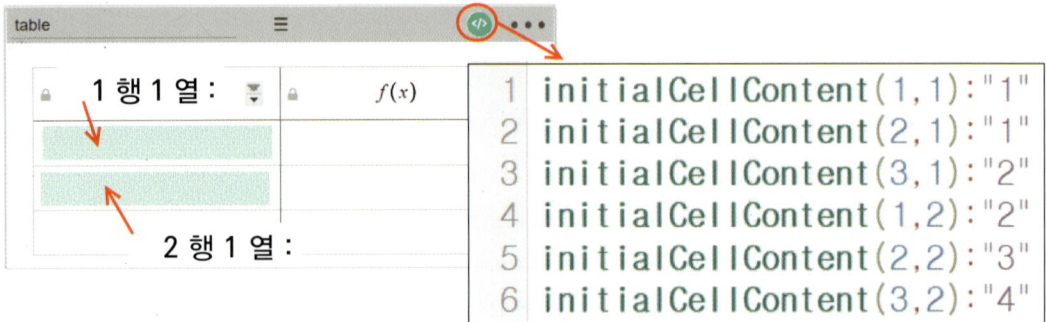

⇨ 명령어 해석

표의 각 셀 (1,1) ~ (3,2) 위치에 초기값을 입력한 숫자로 설정한다.

③ 그래프 편집창을 열고 수식을, 그래프 스크립트 편집창을 열고 명령어를 입력한다.

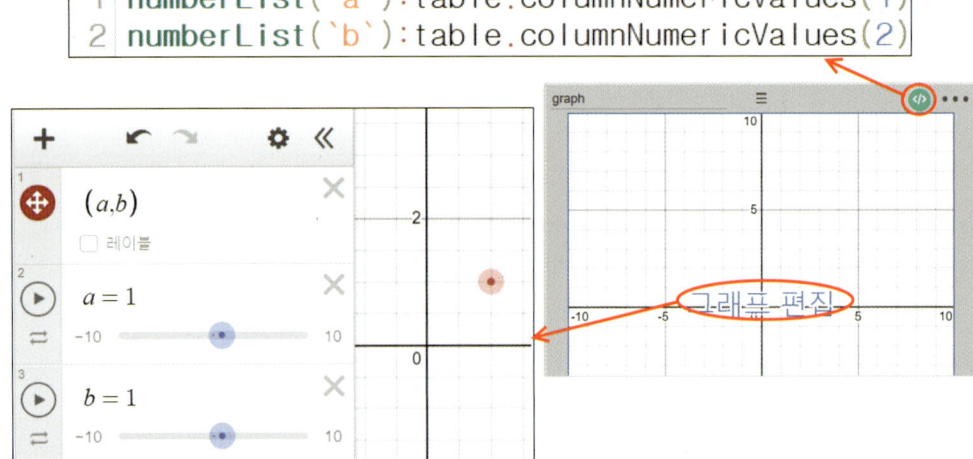

⇨ 명령어 해석

1행: 이름이 table인 표의 1열에 적힌 숫자들을 리스트로 모아 그래프 변수 a에 저장한다.

2행: 이름이 table인 표의 2열에 적힌 숫자들을 리스트로 모아 그래프 변수 b에 저장한다.

※ 그래프 안에서 변수 a, b는 단수 형태이지만 명령어에 의해 리스트로 취급될 수 있다.

42. initialColor (그림판 초기 색 정하기)

1) 명령어의 역할
initialColor는 그림판에 초기 색상이 설정할 때 사용하는 명령어이다.
사용 가능 구성요소: 그림판

2) 활용예시 체험
QR코드의 9번 슬라이드를 열어 그림판에 그림을 그려보자. 보통 초기 색이 파란색이지만 이 그림판은 초기 색이 검정색이다.

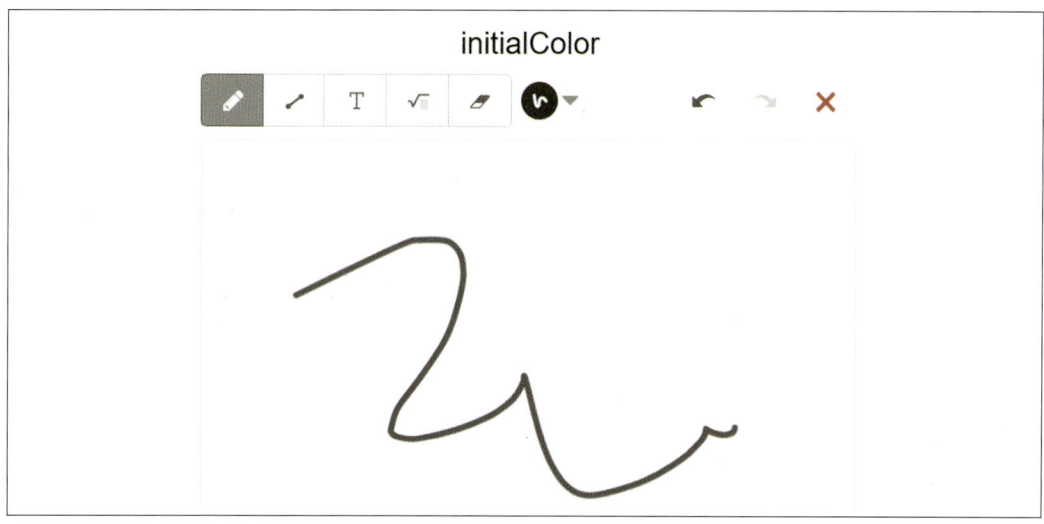

〈9번 슬라이드〉

initialColor를 사용하여 그림판의 초기 색상을 어떻게 지정할 수 있는지 알아보자.

3) 제작 방법
▶ 9번 슬라이드

그림판을 불러오고 스크립트 편집창에 명령어를 입력한다.

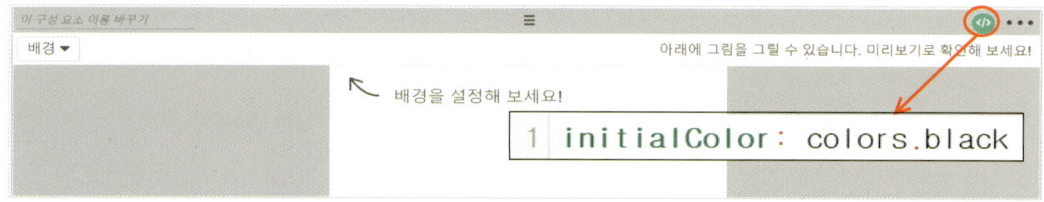

⇨ **명령어 해석:** 초기 색을 검정색으로 한다.

43. initialLatex (초기 수식 설정하기)

1) 명령어의 역할
initialLatex는 수식입력란에 미리 특정한 수식을 입력해 놓고 싶을 때 사용하는 명령어이다. 설정된 수식은 수정할 수 있다.
사용 가능 구성요소: 수식입력란

2) 활용예시 체험
QR코드의 10번 슬라이드를 열고 수식입력란에 알맞은 식을 입력해보자.

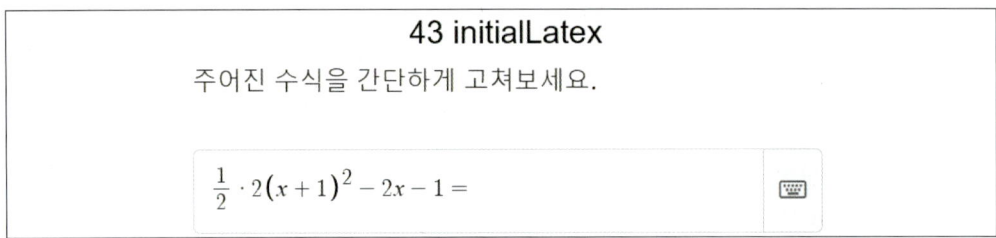

〈10번 슬라이드〉

initialLatex로 수식입력란에 미리 특정한 수식이 나타나게 하는 방법을 알아보자.

3) 제작 방법
▶ 10번 슬라이드

메모와 수식입력란을 불러오고 메모의 문구를 적는다. 수식입력란의 스크립트 편집창을 열어 명령어를 입력한다.

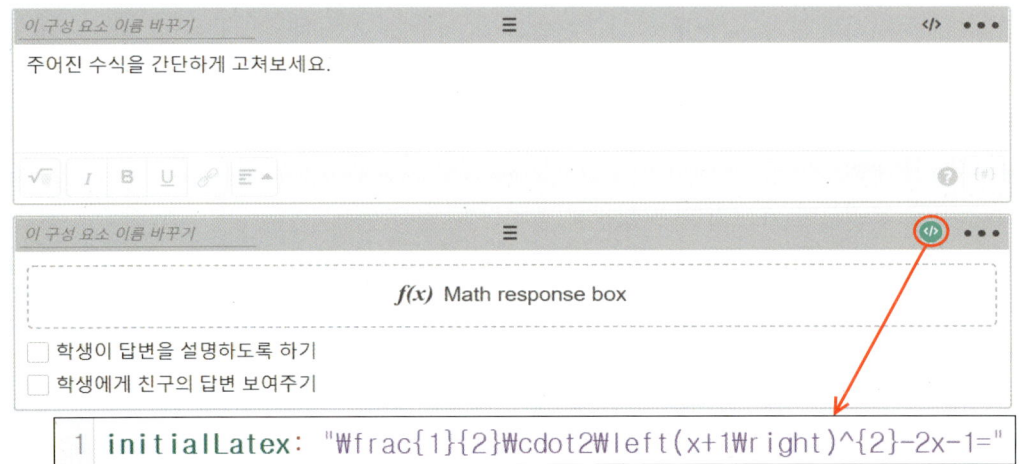

⇨ **명령어 해석**: 수식입력란의 초기 수식을 주어진 식으로 정한다.

※ $\frac{1}{2} \cdot 2(x+1)^2 - 2x - 1 =$ 과 같은 식을 얻기 위해 복잡한 식

(\frac{1}{2}\cdot2\left(x+1\right)^{2}-2x-1=)을 외울 필요는 전혀 없고 다음 순서에 따라 식을 입력하면 된다. (10페이지 ③참고)

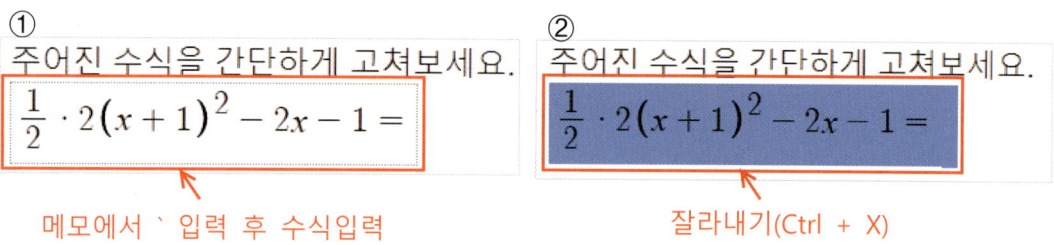

① 주어진 수식을 간단하게 고쳐보세요.
$\frac{1}{2} \cdot 2(x+1)^2 - 2x - 1 =$
메모에서 ` 입력 후 수식입력

② 주어진 수식을 간단하게 고쳐보세요.
$\frac{1}{2} \cdot 2(x+1)^2 - 2x - 1 =$
잘라내기(Ctrl + X)

③
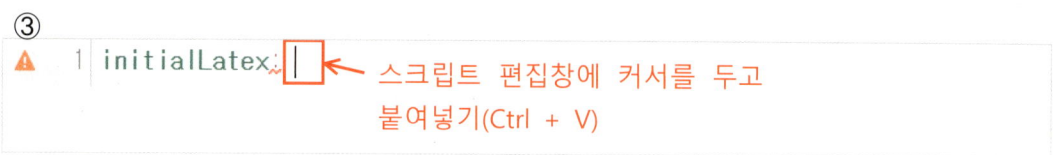

1 initialLatex
스크립트 편집창에 커서를 두고
붙여넣기(Ctrl + V)

44. initialOrder (초기 정렬순서 정하기)

1) 명령어의 역할

initialOrder는 정렬리스트에서 목록의 순서를 그래프의 리스트를 활용하여 정하고 싶을 때 사용하는 명령어이다.

사용 가능 구성요소: 정렬리스트

2) 활용예시 체험

QR코드의 11번 슬라이드를 열면 각 행의 숫자가 30, 10, 20 순서로 나타난다. 이것은 편집화면에서 initialOrder로 미리 정해둔 순서이다. 명령어가 없으면 정렬리스트에 입력한 순서인 10, 20, 30로 보이지만 명령어를 사용하여 순서를 변경하였다.

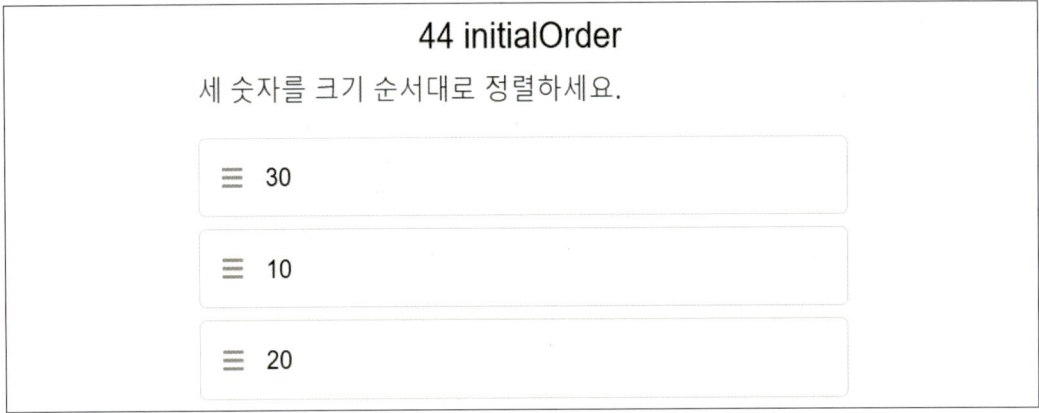

〈11번 슬라이드〉

initialOrder로 정렬리스트의 목록의 순서를 미리 설정하는 방법을 알아보자.

3) 제작 방법

▶ 11번 슬라이드

① 메모, 정렬리스트, 그래프를 불러오고 메모의 내용과 정렬리스트, 그래프는 이름을 입력하고 정렬리스트 목록에 내용(숫자)을 입력한다.

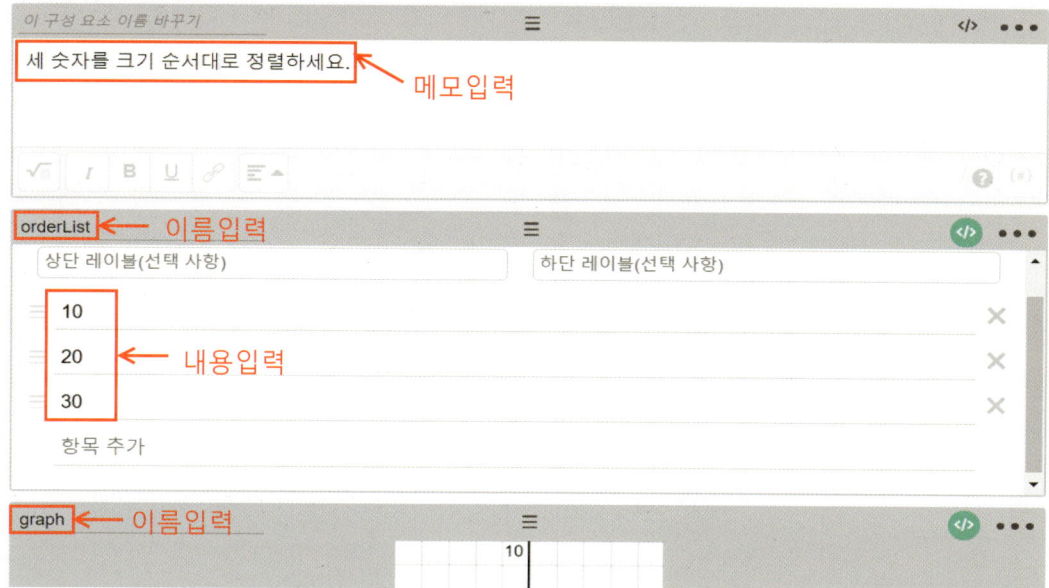

② 그래프 편집창을 열고 수식을, 그래프 스크립트 편집창을 열고 명령어를 입력한다.

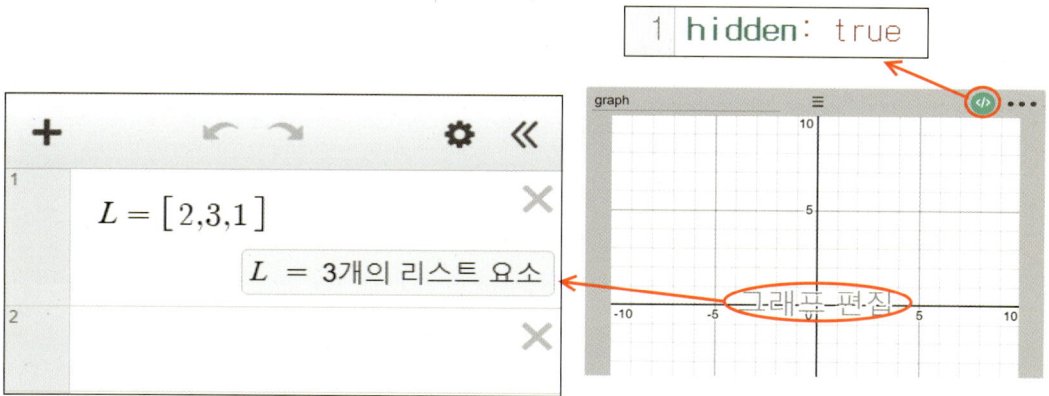

⇨ **수식 해석**: 숫자 2,3,1을 리스트로 모아 L에 저장한다.
⇨ **명령어 해석**: 그래프 구성요소는 화면에서 보이지 않게 한다.

③ 정렬리스트 스크립트 편집창을 열고 명령어를 입력한다.

⇨ **명령어 해석**

정렬리스트 목록의 초기 순서를 graph에 저장된 리스트 L을 따르게 한다. 즉 액티비티 제작화면의 1행은 리스트 L의 첫항이 2 이므로 체험화면에서 2행으로 이동하고, 2행은 3행으로, 3행은 1행으로 초기 화면에 배치된다.

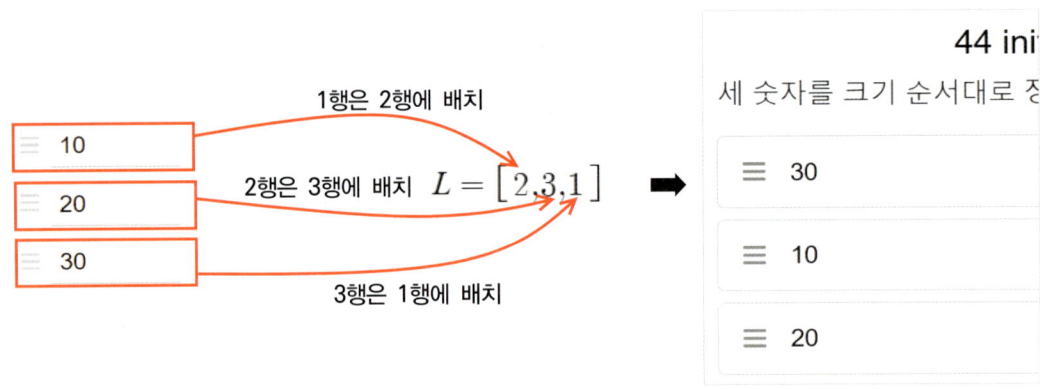

45. initialText (초기 문구 정하기)

1) 명령어의 역할

initialText는 텍스트 입력란에 초기 문구를 미리 설정하여 보여주고 싶을 때 사용한다. 답안 작성시 가이드가 될 수 있는 문구를 입력해두면 교사의 의도를 반영한 답안을 얻거나 답안 작성시 불필요한 어려움을 줄일 수 있다.

사용 가능 구성요소: 텍스트 입력란, 수식 입력란, 객관식 문제, 체크박스

2) 활용예시 체험

QR코드의 12번 슬라이드를 열면 텍스트 입력란에 초기 문구가 적혀 있다. 13번 슬라이드는 보기 중 하나를 선택하면 텍스트 입력란이 나타나고 초기 문구가 적혀 있다.

〈12번 슬라이드〉

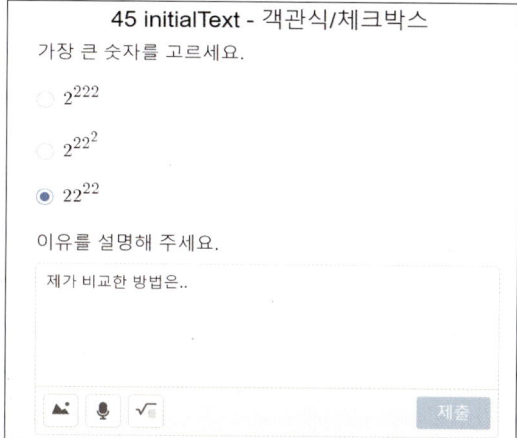

〈13번 슬라이드〉

initialText로 텍스트 입력란에 초기 문구를 저장하는 방법을 알아보자.

3) 제작 방법

▶ 12번 슬라이드

① 메모, 텍스트 입력란을 불러오고 메모의 문구를 입력하고 텍스트 입력란 스크립트 편집창을 열어 명령어를 입력한다.

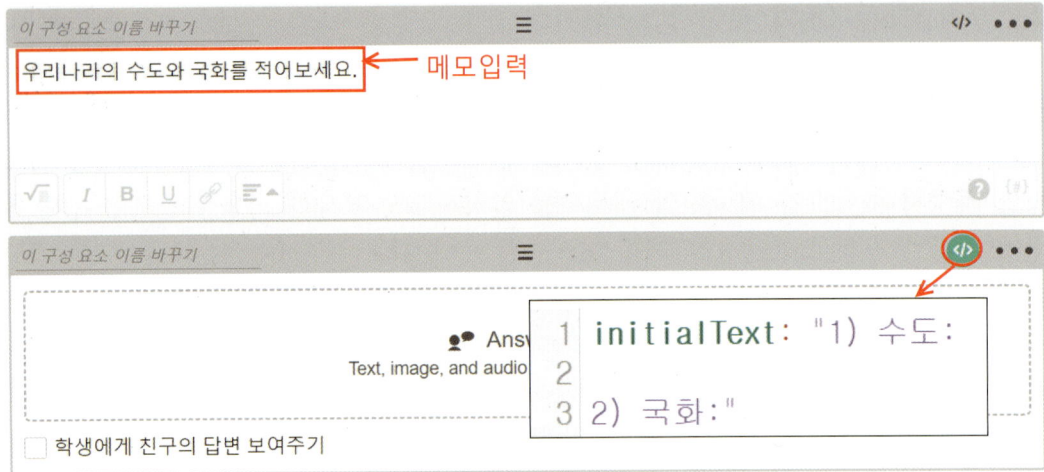

⇨ **명령어 해석**
    텍스트 입력란에 '1)수도: 2)국화: '가 미리 입력되게 한다.

▶ **13번 슬라이드**

① 메모, 객관식 문제를 불러오고 메모와 내용을 입력하며 객관식 문제의 스크립트 편집창에 명령어를 입력한다. 특히, 왼쪽 아래의 '학생이 답변을 설명하도록 하기'를 체크해야 '제가 비교한 방법은...'이라고 적힌 이유 입력란이 나타난다.

⇨ **명령어 해석**: 이유설명란에 '제가 비교한 방법은...'이 미리 입력되게 한다.

46. initialTool (스케치 초기 도구 설정)

1) 명령어의 역할

initialTool은 학생들이 그림판에서 스케치할 초기 도구를 미리 설정할 때 사용하는 명령어이다. 학생들이 스케치 도구를 선택할 시간을 절약해주기 위해 학습자료에 따라 다른 도구를 설정할 수 있다.

사용 가능 구성요소: 그림판

2) 활용예시 체험

QR코드의 14번 슬라이드를 열면 왼쪽 그림판은 선분이 오른쪽은 수식입력이 초기 도구로 설정되어 있다. 즉 그림판을 사용할 때의 초기 도구를 다르게 설정할 수 있다.

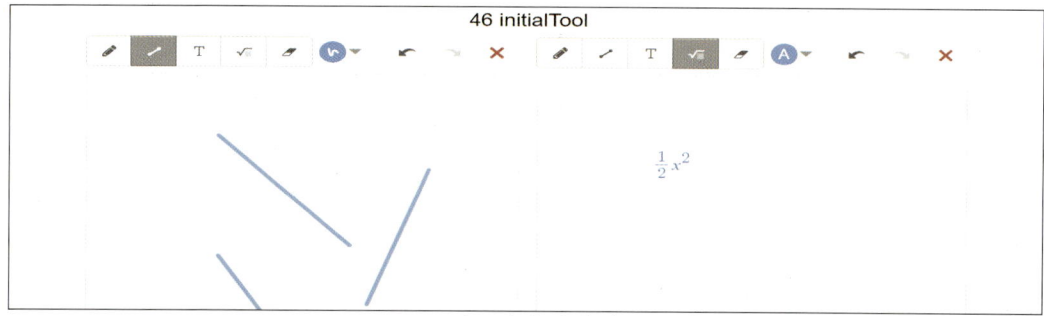

〈14번 슬라이드〉

initialTool로 그림판의 초기 도구를 어떻게 설정하는지 알아보자.

3) 제작 방법

▶ 14번 슬라이드

① 그림판을 불러오고 스크립트 편집창에 명령어를 입력한다.

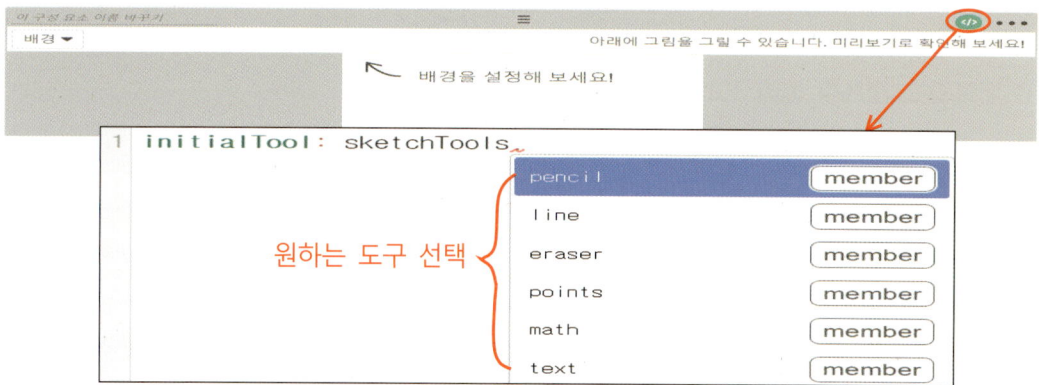

⇨ **명령어 해석**: 입력한 스케치 도구가 초기 도구로 나타난다.

47. isAnimating (그래프 동영상 실행 중 인식)

1) 명령어의 역할
isAnimating은 그래프를 애니메이션화 시켰을 때 재생 중인지 아닌지를 구별하는 명령어이다. 애니메이션의 재생 여부에 따라 변수에 다른 값이 정해지도록 설정하여 활용할 수 있다.

\# 사용 가능 구성요소: 그래프

2) 활용예시 체험
QR코드의 15번 슬라이드를 열어 플레이 버튼(▶)과 일시중지 버튼(∥)을 눌러보자. 버튼을 누르기 전과 후의 화면에 나타나는 문구가 다르다.

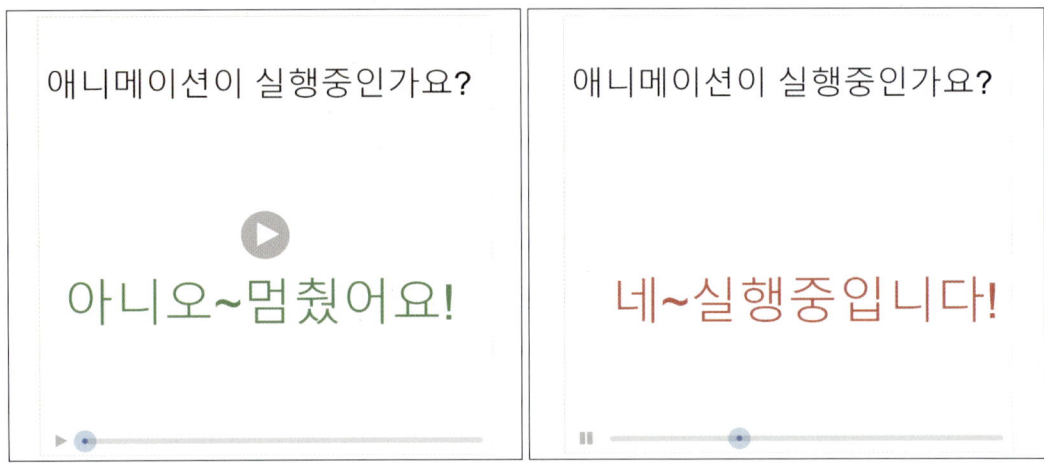

〈15번 슬라이드〉

3) 제작 방법
▶ 15번 슬라이드

① 메모와 그래프를 불러오고 메모의 내용을 입력한다.

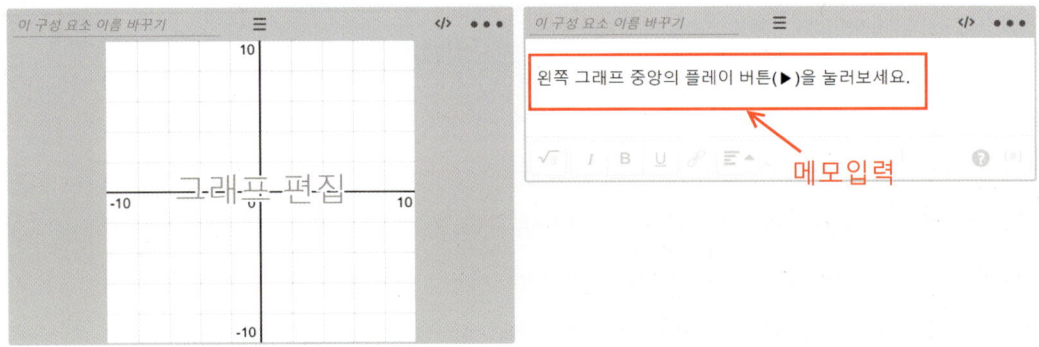

② 그래프 편집창을 열어 수식을, 그래프 스크립트 편집창을 열어 명령어를 입력한다.

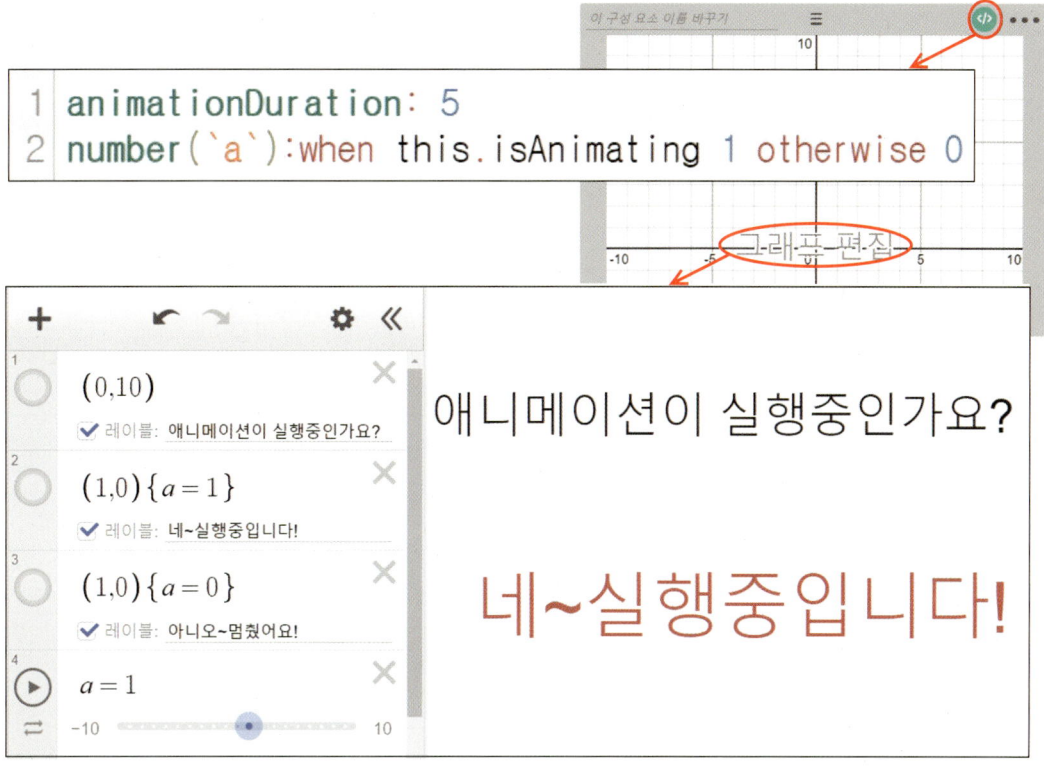

⇨ **수식 해석**

1행: (0,10) 위치에 '애니메이션의 실행중인가요?' 문장이 나타나게 한다.
2행: $a=1$일 때 (1,0) 위치에 '네~실행중입니다!' 문장이 나타나게 한다.
3행: $a=0$일 때 (1,0) 위치에 '아니오~멈췄어요!' 문장이 나타나게 한다.
4행: 애니메이션의 재생 여부에 따라 다른 값을 갖는 변수를 설정하기 위해 적은 것이다.

⇨ **명령어 해석**

1행: 애니메이션 재생 시간을 5초로 정한다.
2행: 그래프의 변수 a는 애니메이션이 재생 중일 때는 값이 1이고 멈췄을 때는 0이다.

48. isSelected (보기 선택)

1) 명령어의 역할
isSelected는 객관식 문제나 체크박스에서 주어진 보기를 선택했을 때 각자 다른 피드백을 얻고 싶을 때 사용하는 명령어이다.
사용 가능 구성요소: 객관식 문제, 체크박스

2) 활용예시 체험
QR코드의 16번 슬라이드를 열면 왼쪽 화면에 ?가 보인다. 그러나 보기를 선택하면 각각 다른 캐릭터가 나타난다.

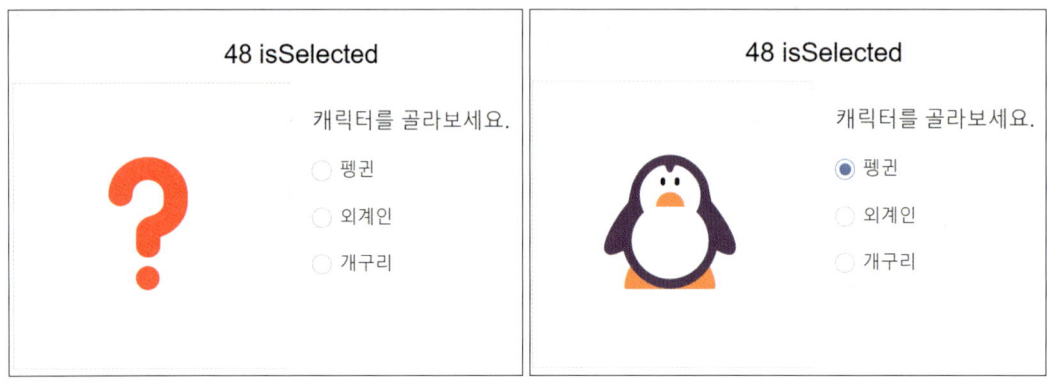

〈16번 슬라이드〉

3) 제작 방법
▶ 16번 슬라이드
① 그래프와 메모, 객관식 문제를 불러오고 메모의 내용과 객관식 문제의 이름, 객관식 문제의 보기를 입력한다.

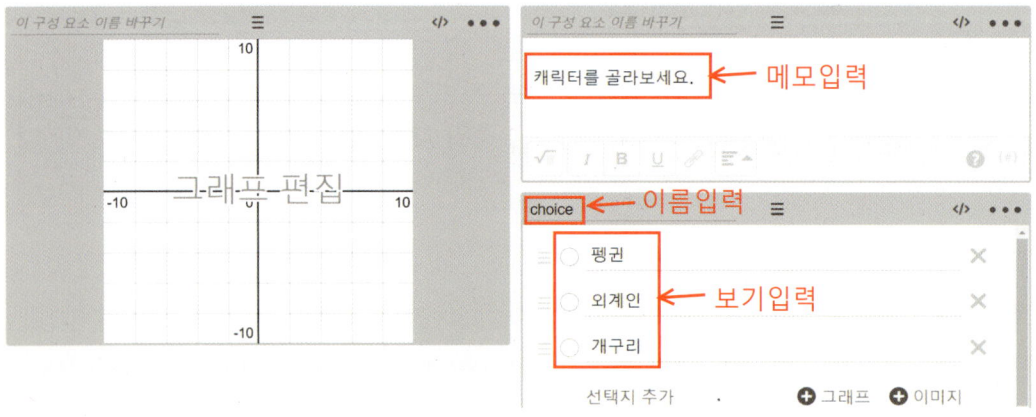

② 그래프 편집창을 열어 수식을, 그래프 스크립트 편집창을 열어 명령어를 입력한다.

```
1  a1=choice.isSelected(1)
2  a2=choice.isSelected(2)
3  a3=choice.isSelected(3)
4  number(`i`):when a1 1 when a2 2 when a3 3 otherwise 0
```

⇨ **수식 해석**

　1행~4행: i가 0부터 3까지 값을 취할 때 (1,0) 위치에 나타나는 레이블이 각각 다르게 한다.

　5행: 객관식 문제의 보기를 선택한 값에 따라 결정되는 i값을 받아주는 변수를 입력한 것이다.

⇨ **명령어 해석**

　1행~3행: 객관식문제(choice)의 1행부터 3행까지를 각각 선택한 상황을 a1~a3로 한다.

　4행: 그래프 편집창의 변수 i는 a1일 때 1, a2일 때 2, a3일 때 3, 아무것도 선택하지 않았을 때의 값은 0이 된다.

49. itemContent (목록내용 정하기)

1) 명령어의 역할
itemContent는 정렬리스트의 특정 행의 목록을 다른 구성요소와 연결시켜 변하게 하고 싶을 때 사용하는 명령어이다.
사용 가능 구성요소: 정렬리스트

2) 활용예시 체험
QR코드의 17번 슬라이드를 열어 두 번째 목록의 안내대로 주황색 동점을 이동시켜보자. 그러면 문장이 사라지고 점의 x좌표에 따라 변하는 직선과 식이 나타난다.

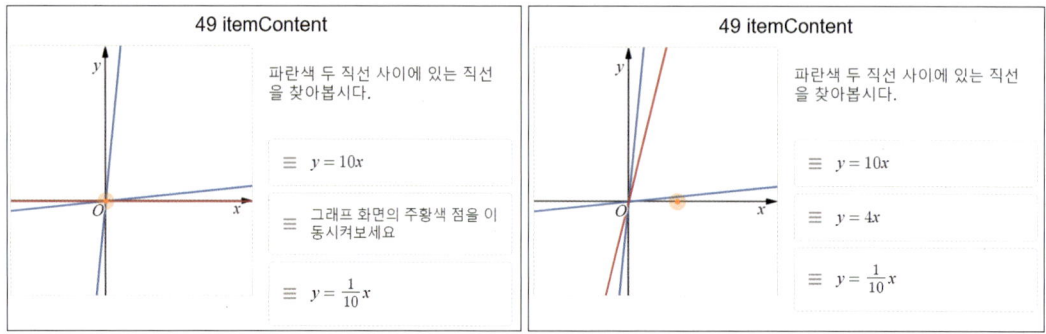

〈17번 슬라이드〉

itemContent로 정렬리스트 목록 내용을 정하는 방법을 알아보자.

3) 제작 방법
▶ 17번 슬라이드
① 그래프와 메모, 정렬리스트를 불러오고 그래프와 정렬리스트의 이름을 입력한다. 또한 메모의 내용과 정렬리스트의 목록을 입력한다. 단, 둘째 목록은 명령어를 통해 결정하기 위해 빈칸으로 둔다.

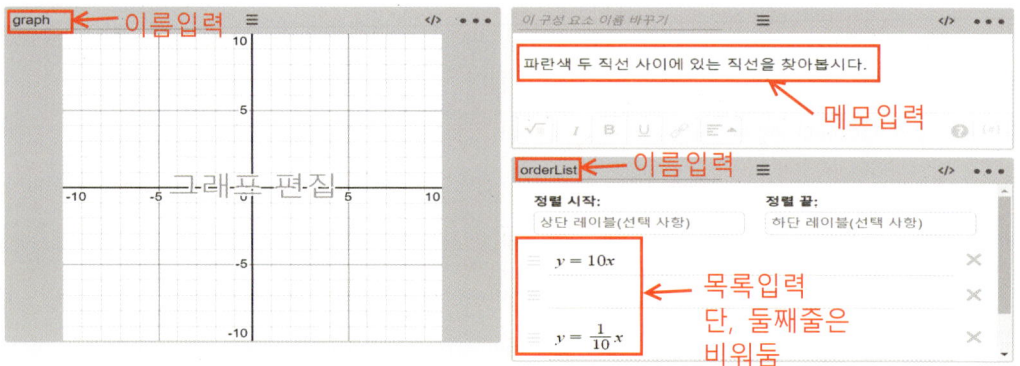

② 그래프 편집창을 열어 수식을, 그래프 스크립트 편집창을 열어 명령어를 입력한다.

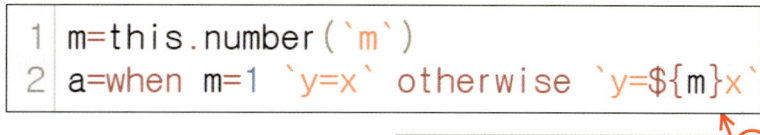

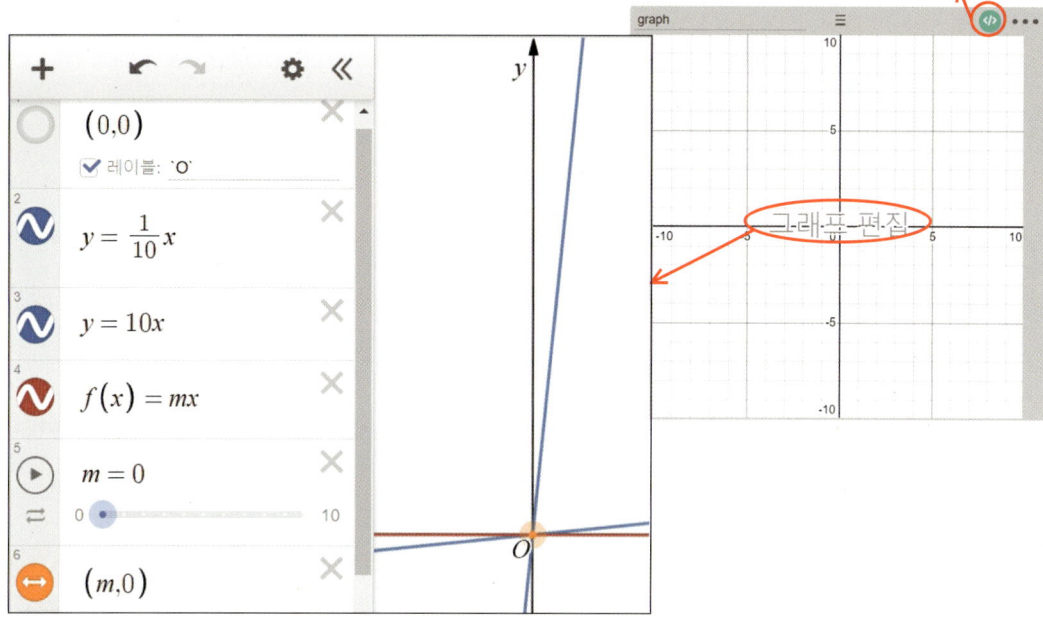

▷ 수식 해석

　1행~3행: 그래프 화면의 고정값으로 원점과 두 직선 $y=10x$, $y=\dfrac{1}{10}x$을 입력한다.

　4행~5행: 변수 m에 의해 기울기가 결정되는 원점을 지나는 직선을 입력한다.

　6행: 그래프 화면에서 변수 m을 조절할 수 있도록 동점을 입력한다.

▷ 명령어 해석

　1행: 이 그래프 편집창의 변수 m을 m이라는 문자(CL의 변수)로 저장한다.
　　　 이때, m의 간격은 1이다.

　2행: a라는 변수에 m=1일 때는 y=x를 저장하고 m이 1이 아닐 때는 y=mx를 저장한다.

※ m=this.number(`m`)에서 좌변의 m은 다른 문자를 사용해도 상관없다.
　그런데 b=this.number(`m`)라고 쓴다면 2행에 사용된 m도 모두 b로 바꿔야 한다.
　또한 m=1일 때와 m≠1일 때를 구분하여 a에 저장한 이유는 일반적으로 기울기가 1인 직선에 대해 y=1x라는 표현을 잘 쓰지 않기 때문이다.

③ 정렬리스트의 스크립트 편집창에 명령어를 입력한다.

```
1 itemContent(2):
2 when graph.number(`m`)=0 "그래프 화면의 주황색 점을 이동시켜보세요"
3 otherwise graph.script.a
```

⇨ **명령어 해석**

1행: 이 정렬리스트의 2행에 입력될 내용이다.

2행: graph의 그래프 안의 변수 m이 0일 때는 주어진 문장이 보이게 한다.

3행: m≠0일 때에는 그래프 스크립트 편집창의 변수 a에 저장한 내용이 보이게 한다.

50. label (행동버튼 이름정하기)

1) 명령어의 역할
label은 행동버튼의 이름을 정하는 명령어이다. 행동버튼의 이름을 다른 구성요소와 연결하거나 조건에 따라 달라지게 하고 싶을 때 사용할 수 있다.
사용 가능 구성요소: 행동버튼

2) 활용예시 체험
QR코드의 18번 슬라이드를 열고 버튼을 클릭해보자. 그러면 버튼에 적힌 이름이 바뀐다.

〈18번 슬라이드〉

3) 제작 방법
▶ 18번 슬라이드

① 메모, 행동버튼을 불러오고 메모의 문구를 입력한다. 행동버튼 스크립트 편집창을 열어 명령어를 입력한다.

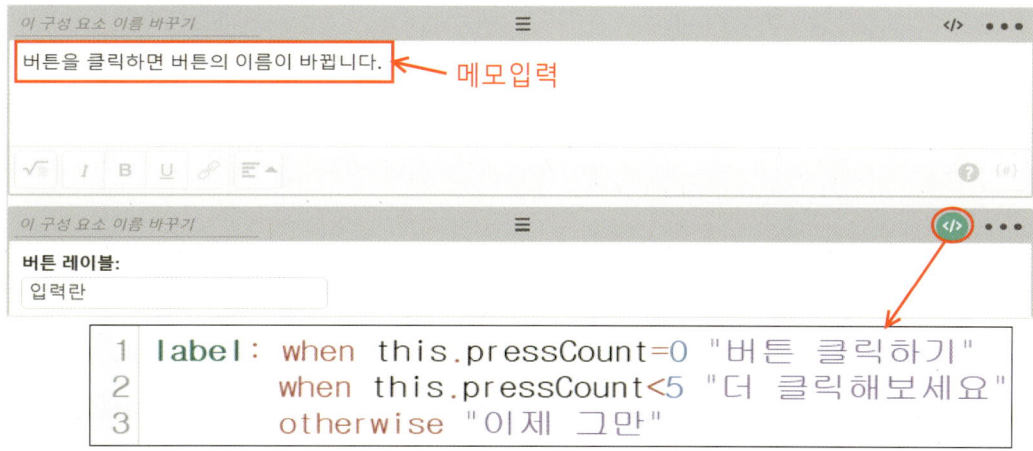

⇨ 명령어 해석
    1행: 이 행동버튼의 클릭 횟수가 0일 때 버튼의 이름은 "버튼 클릭하기"이다.
    2행: 클릭 횟수가 5 미만일 때 버튼의 이름은 "더 클릭해보세요"이다.
    3행: 클릭 횟수가 5 이상일 때 버튼의 이름은 "이제 그만"이다.